国度先知兴起

国度先知兴起：先知性指南和手册
版权所有 © 2023 David Armstrong

保留所有权利。

未经出版商事先书面许可，本出版物的所有部分不得以任何方式或方法（包括电子、机械、复印、录音等）进行复制、转载、录制或传输。

本手稿经过可靠的编辑和校对工作，但人类的局限性可能导致成书中仍存在一些轻微的语法或语言表达的相关错误。请读者谅解这类情况的产生。尽管出版商和作者在准备本书时已采取预防措施，本书仍有可能出现错误或遗漏，出版商和作者不对这些错误、遗漏，或因使用本书包含的信息而导致的损害承担任何责任。

除非另有说明，否则本书的英文经文摘取自新国王詹姆斯版本®。版权所有 © 1982 年 Thomas Nelson。经授权使用。保留所有权利。| 标有 KJV 的经文取自已授权的（国王詹姆斯）版本。授权版本在英国的版权归皇室所有。由剑桥大学出版社授权重印。| 圣经，英文标准版®（ESV®）版权所有 © 2001 Crossway, Good News Publishers（好消息出版社）的一个出版事工。保留所有权利。ESV 文本版权所有：2016 年。| 除非另有说明，所有英文经文均取自现代国王詹姆斯版本版权© 1962—1998 年 Jay P. Green，Sr. 经版权持有人许可使用。

本书（英文版）采用由 Veronika Burian 和 Jose Scaglione 设计的 Athelas 字体排版。

平装书 ISBN: 979-8-3306-0137-0

由 高松树书籍（Tall Pine Books）出版
119 E Center Street，Suite B4A | 华沙，印第安纳州 46580
www.tallpinebooks.com

| 1 23 23 20 16 02 |

在美利坚合众国出版

国度先知兴起

先知性指南和手册

大卫·阿姆斯特朗

中文版声明

本书中文版本由蔡姊妹翻译与校对，翻译过程中采用AI人工智能协助。翻译力求传递英文原版作者的核心思想，翻译过程难免因语言和文化的不同略有偏差，望读者谅解，并在阅读与使用本书时在祷告中寻求圣灵的带领，依靠 神理解本书的要旨。

本书中的经文摘自中文《圣经》和合本。

这本先知性指南献给所有先驱者、创新者和新兴先知，他们在祷告、代祷和信实中辛勤劳作，有时甚至持续多年，始终坚守着自己的呼召。

你们就是天父一直在培养和引导走向圣洁生活的人。现在是参与并步入天上图书馆里关于你们的命定的时候了。是时候完全拥抱并管理你们为之准备的恩赐和恩膏了。

在这个新时代，神正在使用以利亚的恩膏来培养祂的先知们，使父亲的心转向儿女，儿女的心也转向父亲。

天使们已被派遣来协助你们完成任务。你们要在 神所应许的地方来实现你们的使命。对于阅读本指南的你们而言，当你们顺服并忠诚于你们的呼召时，你们的国度性产业就在等待着你们，并且以萨迦通达时务的恩膏也将彰显在你们的生命里。

这本指南也献给我美好的妻子和伙伴泰丽(TERI)，感谢她在编辑过程中付出的爱、耐心和奉献。

我要衷心地感谢路尹(LOUINE EK)，她大方地承担起编辑这本指南的责任。你的教育背景，以及对先知启示性的理解对我来说都是难以估量的宝贵。

对于本书的中文翻译版本，我要特别感谢蔡姊妹在圣灵的引导下，大方地承担起本书的中文翻译工作。她付出了宝贵的时间和精力来耐心地翻译和校对本书的中文翻译。我祈祷这本指南也能成为华人社区的一份祝福，帮助更多华人弟兄姐妹在先知启示性恩赐上成长和成熟。

目录

先知性培训指南介绍 1

1. 罗格思和瑞玛 13

2. 未成熟、虚假和成熟先知的特征 23

3. 杂草种子的态度 31

4. 智慧的言语和知识的言语 41

5. 预言的恩赐 49

6. 先知的职分和外衣 65

7. 当 神沉默时 81

8. 对过程理解并认同 89

9. 定义五重职事职位：使徒模式与使命 97

10. 妥善管理恩赐、使命和事工 107

11. 国度先知兴起 129

12. 先知的重要意义 133

13. 将先知们融合到当地教会团体里 141

    关于作者 150

    学习问题 153

先知性培训指南介绍

本指南是在圣灵的启发下创作的，旨在装备、培训和释放具有先知启示性恩赐的人作为使者来服侍基督的肢体，帮助他们同时遵循圣经中罗格思公义的生活标准，并领受来自圣灵启示的瑞玛话语的指引。本指南涵盖了50多个与预言、先知的外衣，和职务相关的主题，旨在帮助先知们了解他们的恩赐、意义，和上帝赋予的身份，以实现他们的命定。尽管重点在于先知性事工、预言和先知的职务，这些原则也可以应用于每一位事奉者和基督信徒。

先知性事工面临着独特的挑战、针对个人的攻击、试炼，还常常遭受来自教会的迫害，但这些火的试炼都是 神神圣的计划，用来转化个人，使他们拥有耶稣的本质、心性，和品格。本课程和指南的希望和目标是帮助具有先知启示性恩赐的人实现更高层次的认知和理解周围国度性的活动，并提供必要的工具使他们更像耶稣。认识 神的话语是先知启示性事工中信心和成功的基础，不断增加对 神话语的认识和深度是先知必须遵行的最重要的操练。

学生和读者们将被鼓励妥善地运用他们的恩赐，并学习在什么时候采用什么样的方式来拥抱品格塑造的过程。现今的先知们必须操练公义，顺服上帝的呼召，并通过每日被圣灵转变和更新他们的品格来防止采用错误的方法、错误的动机，以及严厉的态度。

今日的国度先知们是由圣灵培训和装备的，对耶稣怀有热情，并且在圣灵说话时愿意倾听。他们表现出一颗温柔的心，谦卑的态度，良好的品格和美好的果子，对他人怀有怜悯之心，愿意服侍和让步。他们从新约的角度发预言，反映出父母般的心怀，就像耶稣对待井边的妇人那样的态度和心意一样。

如今的先知越来越察觉到他们周围迅速增长的属灵活动，并理解他们所处的末世和紧迫感。他们必须聚焦天父的事务，并渴望成为培训者、导师，和教师，准备好培养在这个时候兴起的新一代先知。

现代的使徒、先知和牧师是今日教会的奠基者、远见者和开拓者，怀有深深的热情和更伟大的愿景去完成 神的旨意。先知与使徒合作，通过接受属灵的洞察和分辨来确认和指引，以实现 神的目的。当使徒、先知、牧师和代祷者在团结和共识中一起工作时， 神将揭示新的想法和策略，创造一个国度的思维模式，来影响周围的人和文化。

在这末世， 神正在世界各地兴起有先知启示性恩赐的男人和女人，宣告神的国已经降临，并为耶稣基督的再来预备上帝的子民。这些先知被称为"国度先知"，因为他们具有国度思想、受国度驱动，无论身处何地都活在当下的国度现实中。他们审时度势，抓住意想不到的和无法解释的机会，将这些天赐的偶然事件视为 神安排的任命，为了 神的目的，来拯救、恢复、复兴，和转变人们。

国度先知们需要仔细聆听，并停顿来与圣灵交流。当他们站在破口中祷告和代求时，他们窥视灵界，观察圣灵所指示的一切。这些国度性先知知道他们是守望者，有责任守护属灵的门户，并保护在他们影响范围内的 神的祭坛。

国度先知的角色是守望者，负责守护属灵的门户，并保护在他们影响范围内的 神的祭坛。这些先知与代祷者和其他事工合作，祷告并拆毁邪恶的堡垒、邪恶的门户和邪恶的祭坛。然后，他们制定策略，为 神保守这些门户和祭坛，坚定 神的原则、标准和权柄。他们凭借权柄行动，明白自己作为士兵的位置和职责，同时在可见和不可见的境界中运行。

在可见的境界中，国度先知专注于国度战略，并认识到与其他团队成员合作的重要性。他们热衷于帮助人们建立敬虔的品格，培训他们自己听从主的声音。他们鼓励他人，点燃他们的恩赐，并激励他们履行自己的任务。这些先知有异象教导他人增长对 神话语的认识，并利用他们的恩赐在任何被派遣的地方建立富有成效的国度文化。他们引导信徒和领袖一起工作，动员他们在 神赋予他们影响力的领域实现 神的委任。

在看不见的境界中，国度先知能够认识到在高处影响着人、社区和文化的属灵势力。他们是祷告勇士和代祷者，在被召唤时，他们拆毁黑暗权势和邪恶力量。他们捆绑和释放，拔除、栽种，和建造。在圣灵的带领下，他们对社区、城市、州，有时甚至是国家宣告 神国度的权柄、原则和公义标准。装备着分辨黑暗策略的能力，他们与受过训练的代祷者合作，保全公义。今天无数的先知拥有先见的恩膏，使他们能够直接看到灵界，并与圣灵合作，将人们带回 神的心中。

> 《民数记》24：1-4　巴兰见耶和华喜欢赐福于以色列，就不像前两次去求法术，却面向旷野。 2巴兰举目，看见以色列人照着支派居住， 神的灵就临到他身上， 3他便题起诗歌说："比珥的儿子巴兰说，眼目闭住的人说（"闭住"或作"睁开"）， 4得听 神的言语、得见全能者的异象、眼目睁开而仆倒的人说：

> 《撒母耳记上》9:19 撒母耳回答说："我就是先见。你在我前面上丘坛去，因为你们今日必与我同席。明日早晨我送你去，将你心里的事都告诉你。

> 《约翰福音》16:13-15　只等真理的圣灵来了，他要引导你们明白[A]一切的真理，因为他不是凭自己说的，乃是把他所听见的都说出来，并要把将来的事告诉你们。 14 他要荣耀我，因为他要将受于我的告诉你们。 15 凡父所有的，都是我的，所以我说，他要将受于我的告诉你们。

《使徒行传》中有一个关于彼得和哥尼流的非凡故事，他们能够看到属灵的领域，并被圣灵聚集在一起，以实现 神更伟大的目的。 这个故事可以在《使徒行传》 10:1-48 中找到，其中彼得受命与哥尼流和他的家人分享福音，并向外邦人传讲。

国度先知的训练和装备过程

耶稣曾经说过："被召的人多，选上的人少。"其背后的原因是，只有少数人愿意经历品格的精炼火净化过程和信仰的考验，如《诗篇》 66:10-12 和《彼得前书》 4:12-13 中所述。

《马太福音》 22:14 中的经文也强化了这一观念："被召的人多，选上的人少。"在《箴言》17:3 和《以赛亚书》48:10 中，精炼过程被比作炼银的精炼锅和炼金的炉子。 主考验祂选民的心，以增强他们的信心。

> 《箴言》17:3 鼎为炼银，炉为炼金，惟有耶和华熬炼人心。

> 《以赛亚书》48:10 我熬炼你，却不像熬炼银子；你在苦难的炉中，我拣选你。

> 《彼得前书》1:6-7 因此，你们是大有喜乐。但如今在百般的试炼中暂时忧愁， 7叫你们的信心既被试验，就比那被火试验仍然能坏的金子更显宝贵，可以在耶稣基督显现的时候，得着称赞、荣耀、尊贵。

新兴的国度先知必须愿意接受必要的集中培训和品格塑造，以成为圣洁、无可指摘和无瑕疵的。他们不断地向自己死去，把自己的生命完全献给神，拥抱实现使命所需的一切。多年来，圣灵一直在培养这些先知，使他们拥有国度父母般的心，指导下一代的先知。

正如《马太福音》7:12-14所说：所以，无论何事，你们愿意人怎样待你们，你们也要怎样待人；因为这就是律法和先知的道理。13"你们要进窄门。因为引到灭亡，那门是宽的，路是大的，进去的人也多；14 引到永生，那门是窄的，路是小的，找着的人也少。"

这些被选中的人被托付了 神的话语、恩赐、秘密、奥秘和对人们灵魂的关怀。主多年、甚至数十年地训练他们，剥去一切使他们与 神隔绝的不安全感、怀疑、恐惧、肉体欲望和阻碍。

《路加福音》12:48强调了这个观念："因为多给谁，就向谁多取；多托谁，就向谁多要。"

跟随主是有代价的，正如《路加福音》9:23-24所说："耶稣又对众人说：'若有人要跟从我，就当舍己，天天背起他的十字架来跟从我。 24 因为凡要救自己生命的，必丧掉生命；凡为我丧掉生命的，必救了生命。'"

最后，在《罗马书》8:13-14中，我们被提醒要顺从圣灵的重要性，因为你们若顺从肉体活着，必要死；若靠着圣灵治死身体的恶行，必要活着。14 因为凡被 神的灵引导的，都是神的儿子。

内心的挣扎与得胜

无论我们目前的生活方式或事奉阶段如何，我们的心、位置和标准都应始终体现基督的公义、圣洁，和无私的爱。国度先知必须不断摒弃冒犯、嫉妒、愤怒、羡慕、自私自利、自抬身价、不安全感、对人的惧怕、害怕被拒绝，和害怕失败的心态。

> 《雅各书》3:13-18 你们中间谁是有智慧、有见识的呢？他就当在智慧的温柔上显出他的善行来。14你们心里若怀着苦毒的嫉妒和纷争，就不可自夸，也不可说谎话抵挡真道。15这样的智慧不是从上头来的，乃是属地的、属情欲的、属魔鬼的。16在何处有嫉妒纷争，就在何处有扰乱和各样的坏事。17惟独从上头来的智慧，先是清洁，后是和平，温良柔顺，满有怜悯，多结善果，没有偏见，没有假冒。18并且使人和平的，是用和平所栽种的义果。

作为基督的追随者，我们必须不断培养并运用托付给我们的恩赐，在 神安排给我们的影响范围和领域内为 神的国服务、支持和建设。国度先知将在他们被差遣的地方连根拔起属灵的邪恶，播撒国度的种子，并建立 神的国。无论他们走到哪里，他们都将教导、指引、展示敬虔的品格，并结出美好的果子。

> 《哥林多前书》3:7-15 可见栽种的算不得什么，浇灌的也算不得什么，只在那叫他生长的神。8栽种的和浇灌的，都是一样，但将来各人要照自己的工夫得自己的赏赐。9因为我们 是与 神同工的；你们是 神所耕种的田地，所建造的房屋。10我照 神所给我的恩，好像一个聪明的工头，立好了根基，有别人在上面建造，只是各人要谨慎怎样在上面建造。11因为那已经立好的根基就是耶稣基督，此外没有人能立别的根基。12若有人用金、银、宝石、草木、禾秸在这根基上建造，13各人的工程必然显露，因为那日子要将它表明出来，有火发现，这火要试验各人的工程怎样。14人在那根基上所建造的工程若存得住，他就要得赏赐；15人的工程若被烧了，他就要受亏损，自己却要得救。虽然得救，仍像从火里经过的一样。

真正的先知事奉者首先是爱 神和祂同在的人。他们在父神的心意影响之下生活和行动，甘愿牺牲自我，首先奉献出自己的生命来事奉耶稣，然后是服侍 神派遣给他们的人们。

其次，国度先知知道如何在国度思想和国度行动中有效地运作。他们展示国度模式并调整自己的方式。他们相信 神的一切应许在现在都是可获得的，所以他们怀着极大的期待生活。国度先知知道 神的国度是流动的、活跃的，并且从胜利走向胜利，从荣耀到荣耀。他们是 神的合作伙伴，在这地上宣告并活出 祂的国度。

第三，国度先知展现出对主单纯的奉献，这在"他们现在是谁"和" 神正在使他们成为谁"这两方面变得更加有安全感和自信有至关重要的作用。国度先知通过他们的任务和功能得以发展。作为信徒，定期反思我们当前的状态和 神赋予我们的任务是很重要的。我们应该问自己：

"我现在是谁？"

"我当前的任务是什么？"

此外，我们应关注圣灵正在我们身上培养的恩赐。

我们生活中的哪些方面需要升级和转变以获得晋升呢？

职位和权柄的改变可能表明已经做好了晋升的准备，并揭示一项新的任务。然而，随着更大的责任而来的是更大的担当。作为 神国度的事奉者，我们必须保持警觉、善于观察，并忠实地管理给所有信徒的天国奥秘、秘密，和启示。

> 《马太福音》13:10-15 门徒进前来，问耶稣说："对众人说话为什么用比喻呢？" 11 耶稣回答说："因为天国的奥秘，只叫你们知道，不叫他们知道。 12 凡有的，还要加给他，叫他有余；凡没有的，连他所有的也要夺去。 13 所以我用比喻对他们讲，是因他们看也看不见，听也听不见，也不明白。 14 在他们身上，正应了以赛亚的预言，说：'你们听是要听见，却不明白；看是要看见，却不晓得。 15 因为这百姓油蒙了心，耳朵发沉，眼睛闭着；恐怕眼睛看见，耳朵听见，心里明白，回转过来，我就医治他们。'"

作为国度先知，我们不应仅仅为了得到奖赏而播撒种子，而应该是因为播撒好的种子会在人类中产生更多的 神国度。

> 《马太福音》13:23　撒在好地上的，就是人听道明白了，后来结实，有一百倍的，有六十倍的，有三十倍的。

然而，国度先知必须不断地被修剪以结出美好的果子。我们口中所出的话语揭示了我们真实的内心和信仰体系的真诚。我们的话语有审判、定罪、拆毁、建立、连根拔起、种植、祝福、咒诅、关闭或激活的力量。理解我们话语的重要性，并用它们来祝福他人是至关重要的。

在《约翰福音》15:1-5中，耶稣使用葡萄树和枝子的比喻来说明要在祂里面才能结出果子的重要性。离开了祂，我们不能做什么。同样，在《路加福音》6:45中，耶稣解释了我们所说的话是来自我们心里的丰盛。

《箴言》4:20-23强调了要留心 神的话，保持警惕，并用祂的话来滋养我们的心的重要性。

> 《箴言》4:20-23　我儿，要留心听我的言词，侧耳听我的话语。21都不可离你的眼目，要存记在你心中。22因为得着它的，就得了生命，又得了医全体的良药。23你要保守你心，胜过保守一切，因为一生的果效，是由心发出。

我们所说的话揭示了我们心的状况。写出你对教会当前状况的看法。

我们的心是生命的泉源，必须切实保守。正如《箴言》18:21所说，生死在舌头的权下，喜爱它的，必吃它所结的果子。

作为信徒，我们必须不断寻求加深对 神话语的理解，培养一个能够接受和理解祂真理的开放的心，用我们的话语来祝福和建造别人。通过这样做，我们将结出美好的果子，并完成 神赋予我们的任务。

舌头与果子的联系最终回归到心，因为好的或坏的果子取决于播撒在心田的种子。因此，心思意念需要被不断地转变。

根据《马可福音》4:11-20，有四种"心田"。第一种，路旁的心，允许魔鬼把撒在他心里的 神的道夺去。为了防止这种情况，人必须每天阅读并学习圣经，打好信仰的美好仗。第二种，坚硬的 心，缺乏根，并在试炼和诱惑中跌倒。为了结好的果子，需要保持忍耐、忠诚和谦卑，让 神的话渗透到心里。第三种，荆棘的心，被世界的享乐和罪的行为所挤住。必须砍除不属 神的行为，将 神的话语放在首位。第四种，良善的心，是能够结出丰盛的果子的。为了保持良好的心田，人必须除去罪恶的种子，用 神的话来灌溉心田，并每天花时间在 神的同在里。

《希伯来书》3:8-12 警告信徒不要使自己的心变得刚硬，强调培养、预备，和滋养心田，以产生国度的果子的重要性。国度先知体现了怜悯、恩典、仁慈、温柔，和尊重，代表了天父和国王耶稣的心意。他们通过与圣灵的亲近和亲密关系感知到圣灵的声音，就如《哥林多前书》2章所述。

> 《哥林多前书》2:10-13 只有 神藉着圣灵向我们显明了，因为圣灵参透万事，就是 神深奥的事也参透了。 11除了在人里头的灵，谁知道人的事呢？像这样，除了 神的灵，也没有人知道 神的事。 12我们所领受的，并不是世上的灵，乃是从 神来的灵，叫我们能知道 神开恩赐给我们的事。 13并且我们讲说这些事，不是用人智慧所指教的言语，乃是用圣灵所指教的言语，将属灵的话解释属灵的事。

要讲国度的语言，我们必须接受来自 神的灵，以知道 神白白赐给我们的事，用属灵的言语比较属灵的事物，而不是依赖人的智慧。我们的话语应该种植、建立、鼓励、造就，和劝勉他人，使他们达到更高的诚实、团结和爱的标准。

支配国度先知的两条诫命是对 神的爱和对他人的爱，正如耶稣在《马太福音》22:37-40中所陈述的。

> 《马太福音》22:37-40 耶稣对他说："你要尽心、尽性、尽意，爱主你的 神。 38 这是诫命中的第一，且是最大的。 39其次也相仿，就是要爱人如己。 40这两条诫命是律法和先知一切道理的总纲。"

爱，以AGAPAO的形式，应该流露自一颗对 神真诚敬虔的心，并延伸到他人身上。当我们的言行反映出基督般的果子时，我们变得更加专注于祂。正如《箴言》16:21-24所述，智慧和理解是增加学识并带来愉悦和良言的关键。

> 《箴言》16:21-24 心中有智慧，必称为通达人；嘴中的甜言，加增人的学问。 22人有智慧就有生命的泉源，愚昧人必被愚昧惩治。 23智慧人的心教训他的口，又使他的嘴增长学问。 24良言如同蜂房，使心觉甘甜，使骨得医治。

另一方面，空洞或负面的言语可能带来负面的后果，正如《马太福音》12章所警告我们的那样。

> 《马太福音》12:35-37　善人从他心里所存的善就发出善来；恶人从他心里所存的恶就发出恶来。36我又告诉你们：凡人所说的闲话，当审判的日子，必要句句供出来。37因为要凭你的话定你为义；也要凭你的话定你有罪。"

因此，我们应该注意我们所说的话，并努力使我们的言语与 神的旨意保持一致。在我们追求圣洁和属灵成长的过程中，国度的先知和 神的子民被呼召要有更高的生活标准。我们应该寻求主的同在，而不是世俗的享乐和娱乐。禁食和祷告是有价值的操练，可以帮助我们更接近 神并聆听祂的声音。《诗篇》91:1鼓励我们要住在至高者的隐密处，在那里我们可以找到庇护和保护。同样，《马太福音》6:6强调了暗中祷告的价值以及与之而来的奖赏。

通过专注于对 神和他人的爱，寻求智慧和理解，并与 神独处的时光，国度先知可以实现他们的呼召，并为世界带来积极的改变。

预言的恩赐包括从圣灵那里接收自然而然的话语，以带来鼓励、教诲，和安慰。这些话语用以确认主已经启示的事情，并可能包括智慧和知识的言语。被主委派拥有先知外衣或职务的国度先知，被赋予更大的能力、责任和权柄来管理。他们不仅提供教诲、安慰，和劝勉，还在爱中根据圣经纠正错误，提供神圣的建议，引导教会朝着耶稣带领的方向前进。他们还激活和点燃人们的命定，传授真理，并为隐藏的事物带来启示。

《马太福音》10:26-27、《马可福音》4:22-23，和《约翰福音》4:16-19揭示了没有什么是隐藏的，不会被揭露的，而那些实行公义的人是出于 神的。

> 《马太福音》10:26-27　所以，不要怕他们。因为掩盖的事，没有不露出来的；隐藏的事，没有不被人知道的。27 我在暗中告诉你们的，你们要在明处说出来；你们耳中所听的，要在房上宣扬出来。

> 《马可福音》4:22-23 因为掩藏的事，没有不显出来的；隐瞒的事，没有不露出来的。23 有耳可听的，就应当听。

《约翰福音》4:16-19 耶稣说："你去叫你丈夫也到这里来。" 17 妇人说："我没有丈夫。"耶稣说："你说没有丈夫，是不错的。 18 你已经有五个丈夫，你现在有的，并不是你的丈夫，你这话是真的。" 19 妇人说："先生，我看出你是先知。"

《腓立比书》3:7-10 强调了认识基督和祂复活的大能的重要性，顺服祂的死，并对祂有信心。今天的国度先知完全依靠圣灵确保先知启示性的准确度、属灵的洞察力，和获得清晰的指引。他们也必须小心，不要把 神的国度机密和策略泄露给他们遇到的每一个人，因为随着我们临近耶稣的第二次再来，假先知的数量正在增多，并变得更加强大。撒旦是狡猾的，常常派出那些看起来听起来像基督徒的人来获取国度军事情报，以攻击真正追随基督的人。

《马太福音》24:24 因为假基督、假先知将要起来，显大神迹、大奇事。倘若能行，连选民也就迷惑了。

《约翰一书》4:1 亲爱的弟兄啊，一切的灵，你们不可都信，总要试验那些灵是出于 神的不是，因为世上有许多假先知已经出来了。

那些被主耶稣设立在先知职务或赐予先知外衣的人会遭遇更多的阻力、属灵活动和属灵争战。他们也会面对更多的逼迫，但将得到更大的赏赐。他们必须管理好自己的责任，并对他们为 神的国所说和所做的一切负责。

《马可福音》4:24-25 又说："你们所听的要留心。你们用什么量器量给人，也必用什么量器量给你们，并且要多给你们。 25 因为有的，还要给他；没有的，连他所有的也要夺去。"

《提摩太书后书》3 章启示，那些认真遵循基督教义并渴望在祂里面过敬虔生活的人将会遭受迫害。

《提摩太后书》3:10-12：但你已经服从了我的教训、品行、志向、信心、宽容、爱心、忍耐，11 以及我在安提阿、以哥念、路司得所遭遇的逼迫、苦难。我所忍受是何等的逼迫！但从这一切苦难中，主都把我救出来了。12 不但如此，凡立志在基督耶稣里敬虔度日的，也都要受逼迫。

经验丰富的先知应该表现出符合圣经的品格，从团队文化的角度行使职责，并为其他先知提供成熟和精通的机会。 神的计划是培养经验丰富的先知，使他们成为后代的父亲和母亲。

第一章

罗格思和瑞玛

罗格思是 神永恒的准则，具有创造力、力量、真实、无误、无可辩驳、完整和赋予生命的特性。它是衡量所有其他表达、概念、启示、教义、传道和预言的绝对标准。通过罗格思，我们可以认识 神、祂的方式，以及如何与祂建立个人亲密的关系。它提供了日常生活中所有的智慧、教导和认知。

保罗在《提摩太后书》3:16-17中坚称："圣经都是 神所默示的，于教训、督责、使人归正、教导人学义都是有益的，叫属 神的人得以完全，预备行各样的善事。"这装备属 神的人得以做各样的善事。《约翰福音》1:1-4肯定道："太初有道（罗格思），道（罗格思）与 神同在，道就是 神。万物是藉着他造的；凡被造的，没有一样不是藉着他造的。生命在他里头，这生命就是人的光。"《希伯来书》4:12强调，" 神的道是活泼的，是有功效的，比一切两刃的剑更快，甚至魂与灵、骨节与骨髓，都能刺入、剖开，连心中的思念和主意都能辨明。"这是 神的生命气息和瑞玛。

保罗认为，信心来自于听见罗格思和传讲 神的瑞玛话语。当我们的心敞开接受罗格思时，圣灵会将 神的瑞玛激活到我们的灵魂中，释放一种更像耶稣一样的说话和生活方式的渴望。这产生更大的启示、更高层次的信心，以及更深的信念来追求 神的真理，使我们能够坚持到底。受启示的信息和受启示的经文都指向主的瑞玛话语。

这些是可以承载 神以萨迦恩膏的季节性的信息。

> 《以弗所书》6:17："又并戴上救恩的头盔，拿着圣灵的宝剑，就是神的道。"

以萨迦恩膏是可以分辨时间和季节的能力。时间以季节的形式表现出来。我们的公历和希伯来历都有季节；冬季、春季、夏季和秋季。就像我们有自然规律的季节一样，我们也有属灵的季节。时间里有季节，我们必须调整和适应 神国度的时间和季节。以萨迦恩膏能够辨别每个季节的时间，因为 神想要为我们的生命和他人的生命实现特定的目的。 神根据目的来衡量我们的生命。这是一种辨别我们所处的季节和前进的方向的恩膏。这意味着当被召唤时进入属灵领域，看看 神正在做什么，还有祂对社会，以及与个人、团体、地区和全球相关的特定事件所说的话。

被引用为"道"的罗格思的原始希腊语含义可以在《史特朗的希伯来语和希腊语经文汇编》中找到。 罗格思和瑞玛都意指 神的话语和被倾泻出来的想法。

《罗马书》10:17指出，可见信道是从听道来的，听道是从基督的话（瑞玛）来的。因此，当阅读、听到和说出罗格思时，信心就会在思想和精神中得到释放和成长。圣灵通过预言释放种子来确认罗格思。然后，先知启示性的信息（瑞玛）会释放更大的信心去做下一件正确的事情，让我们走在正确的道路上。当圣灵对我们说话时，它总是与 神在圣经里的话语相对应。

> 《哥林多后书》13:1 这是我第三次要到你们那里去。凭两三个人的口作见证，句句（瑞玛）都要定准。

> 《帖撒罗尼迦前书》5:19-21 不要消灭圣灵的感动， 20不要藐视先知的讲论。21但要凡事察验，善美的要持守，

> 《约翰一书》4:1-2 亲爱的弟兄啊，一切的灵，你们不可都信，总要试验那些灵是出于 神的不是；因为世上有许多假先知已经出来了。 2凡灵认耶稣基督是成了肉身来的，就是出于 神的；从此你们可以认出 神的灵来；

所有的先知启示性话语都必须经过 神的道（罗格思）来评估和判断。先知启示性的话是天国的种子，突然落入我们的灵里。它们释放了克服障碍的信心，并带来了清晰的启示，以推动我们任务的执行。受膏的先知启示性话语释放了来自 神的激活和启发力量以获得应许。先知启示性话语的发出者和接受者都能获得勇气、胆量和信心来坚持并走在正确的方向。先知启示性话语还有能力使人知罪、确信、鼓励，并增强力量以承受困难、迫害和试炼。这些受启发的话语常常照亮前方的道路，指引着通往尚未实现的应许的方向。

> 《彼得后书》1:20-21第一要紧的，该知道经上所有的预言没有可随私意解说的；21因为预言从来没有出于人意的，乃是人被圣灵感动，说出 神的话来。

内住的圣灵，作为生命的源泉，总是用即时、现在、活泼的话语说话，以洁净旧的本性，将其转变为耶稣的新本性和品格。藉着道的洗涤而得到的净化是在耶稣基督里的生命，产生内在的变化，通过我们的行动和回应得到证明。

> 《以弗所书》5:26要用水藉着道把教会洗净，成为圣洁，

> 《约翰福音》6:63叫人活着的乃是灵，肉体是无益的。我对你们所说的话就是灵，就是生命。

根据《史特朗经文汇编》G4487，《以弗所书》5:26和《约翰福音》6:63中的希腊词"道"指的是瑞玛的话语，即赐予生命的话语。

先知启示性话语有能力点燃属灵的火焰和净化需要精炼的事物。它们还可以解放曾经被束缚或隐藏的事物。当先知启示性的话语深入一个人的心灵时，它们可以打破僵化的领域，并提供即时的宽慰，使个人重返正确的道路。此外，先知启示性的话语可以激活对 神计划的追求，确认方向并提供属神的忠告。

宣告、法令、确据与忠告

在圣经中，"道"具有多方面的含义，它带来及时的信息以确认、警告、颁

布，和宣告 神想要完成的事情。这些话会促使人们采取行动，甚至可以重新调整氛围以实现 神的旨意。

以下是鼓励话语的一个例子：《以赛亚书》50:4-5 谈到"道"是在患难时促进帮助的一种方法，因为主唤醒说话者的耳朵，让他们听到并对疲乏的人说出适时的话。《耶利米书》23:28-29 强调诚实地说出 神的话语的重要性，因为它就像火和锤子可以破碎岩石。在这种情况下，"道"的希伯来语含义是口头建议、忠告、宣告，或法令。参阅《斯特朗的词典索引》H5790。

> 《耶利米书》23:28-29 得梦的先知，可以述说那梦；得我话的人，可以诚实讲说我的话。糠秕怎能与麦子比较呢？29耶和华说："我的话岂不像火，又像能打碎磐石的大锤吗？"

在《以西结书》3:17中，"道"这个词表示警告。说话的人是以色列家的守望者，主命令他听祂口中的话，并警告他们我的事。在这里，"道"的希伯来语意思是DABAR，指的是口头建议、忠告、宣告，或法令。参阅《史特朗经文汇编》H1696和H1697。

总的来说，在圣经中，"道"是一个强大的工具，用于确认、警告、颁布，和宣布 神的旨意。当被鼓励要实现主的旨意时，诚实地说出 神的话语并留意主的声音是很重要的。

先知启示性异梦和异象：它们如何揭示 神的计划和策略

神以各种方式与祂的先知和子民沟通，包括通过异梦和异象。这些创造性的方式可以揭示罪、隐藏的杂草种子、国度策略、魔鬼的影响、国度的奥秘，以及 神的供应和应许。梦境还可以暴露恐惧和过去的失败，从而揭示弱点，带来释放、医治，和转变。此外，异梦和异象可以帮助个人进入下一个发展阶段，或者警告他们即将发生的事情。

正如《民数记》12:6所述，如果我们中间有先知， 神会通过异象向他们显明自己，并在梦中对他们说话。异梦通常在过度活跃的精神和身体活动期间被激活。它们还可能揭示自我防御的围墙，甚至暴露出我们内心真正的动机和状况，特别是当我们的灵魂和思想与 神的指示作斗争时。

因此，询问、征求，和叩门祈求圣灵的指导，以获得对所有异梦和异象的正确解释是至关重要的。异梦通常是由我们脑海中重复的思维模式和图象形成的。有时，它们可能会揭示我们的意识拒绝承认和处理的内心的罪。然而，神最终希望我们在思想、意志、情感、身体，和灵魂上得到自由。

> 《约伯记》33:14-17 神说一次、两次，世人却不理会。 15人躺在床上沉睡的时候， 神就用梦和夜间的异象， 16开通他们的耳朵，将当受的教训印在他们心上， 17好叫人不从自己的谋算，不行骄傲的事（原文作"将骄傲向人隐藏）；

《但以理书》2:16-22讲述了但以理的故事，他因一奥秘的事向天上的 神寻求怜悯。在一个夜间的异象中， 神向但以理显明了这个奥秘，赐给他智慧和能力。这段经文强调 神改变时候、日期，废王、立王，显明深奥隐密的事。同样，异梦可以帮助个人认识到有害的思维模式和破坏性的信念，这些模式和信念会妨碍他们的成长和稳定性，特别是他们对自己的身份和如何看待自己的错误看法。

根据《传道书》5:2-3，人在 神面前不可冒失开口，也不可心急发言。相反，一个人要少言寡语，因为异梦是通过许多活跃状况产生的。异梦可以为实现人的任务铺平道路，揭示未来的神圣任命和即将到来的晋升。它们还可以给予方向，将 神的亮光和时间表投射到个人未来的成功和 神的应许上。

在末日，异梦和异象将增加，为 神的子民预备未来和主耶稣的来临。它们可以打开破碎的心接受福音，福音可以渗透并改变听见的人的心。正如《约珥书》2:28所说，神要将祂的灵浇灌凡有血气的，儿女要说预言，老年人要作异梦，少年人要见异象。同样，马太福音2:13中，有主的使者在梦中向约瑟显现，指示他带着孩子和他母亲逃往埃及，因为希律要寻找这个孩子并杀了他。另见《创世记》37至50章。

异梦和异象在许多圣经人物的生活中起着重要的作用，包括约瑟、但以理，和彼得。在《使徒行传》中， 神用异象指示彼得向外邦人传福音，打破了早期教会的文化壁垒。在旧约中， 神通过异梦向约瑟显明了祂的计划和策略，最终将祂的子民从饥荒中拯救出来。然而，准确解释异梦和异象需要寻求圣灵的指导。

使徒保罗鼓励信徒"要切慕属灵的恩赐，其中更要羡慕的，是作先知讲道（原文作"是说预言"。）"（《哥林多前书》14:1）。这包括解释异梦和异象的恩赐。寻求圣灵的指导可以确保我们的解释符合 神的旨意和目的。因此，异梦和异象是 神用来与祂的先知和子民沟通的重要工具。寻求圣灵的忠告和确认对于准确解释这些创造性的沟通方式至关重要。

管理先知启示性异梦：检查清单

1. 与信任的领袖、代祷者，和具有异梦解释恩赐的先知分享。在根据异梦采取行动前，请寻求圣灵的指引和许可。

2. 记下和/或记录这个异梦，以便祷告和征求建议。为了更好地理解，可能需要额外的禁食和祈祷，因为异梦可以揭示实现应许的多个步骤。

3. 来自 神的异梦可能是彩色的，并且里面会有一个国度的元素。

4. 异梦中会有你生活中可识别且有意义的图像和模式。

5. 并非所有的异梦都适合分享，因为有些可能是非常私人的。

6. 异梦可能受到魔鬼的影响，特别是当属灵的门户已经向仇敌打开了。

7. 如果异梦揭示了未来的事件、方向性的变化，或纠正，在释放异梦之前需要暂停、退隐、祷告，和征得许可。

先知启示性异象

圣经中有七十一处与异象相关的参考。异象是在圣灵的推动下，出现在先知脑海中的超自然图像。这些异象可以讲述故事，并传达有关当前活动和未来事件的信息或状况。异象可以通过自然意识和灵看到。先知以赛亚、阿摩司、以西结和亚拿尼亚都经历过这样的异象。

《以西结书》1:1描述了先知在迦巴鲁河边被掳的人中的经历，他看见天开了，得见 神的异象。在《以西结书》8:1-4中，他在耶路撒冷看见仿佛火的形状和以色列 神的荣耀。

> 《以西结书》8:1-4　第六年六月初五日，我坐在家中，犹大的众长老坐在我面前，在那里主耶和华的灵（原文作"手"）降在我身上。 2我观看，见有形像彷佛火的形状，从他腰以下的形状有火，从他腰以上有光辉的形状，仿佛光耀的精金。 3他伸出仿佛一只手的样式，抓住我的一绺头发，灵就将我举到天地中间，在　神的异象中，带我到耶路撒冷朝北的内院门口，在那里有触犯主怒偶像的座位、就是惹动忌邪的。 4谁知，在那里有以色列　神的荣耀，形状与我在平原所见的一样。

在《以西结书》第11章，他向那些被掳的人讲述了主向他展示的一切事情。

> 《以西结书》11:24-25　灵将我举起，在异象中藉着　神的灵，将我带进迦勒底地，到被掳的人那里，我所见的异象就离我上升去了。 25我便将耶和华所指示我的一切事都说给被掳的人听。

《使徒行传》9:10-12讲述了亚拿尼亚的经历，主在异象中对他说话，告诉他去大数的扫罗那里。《使徒行传》10:1-8 讲述了哥尼流在一个开放异象中看见一位天使，指示他派人到约帕去找彼得。之后，9-33节描述了彼得在开放异象中看见一块大布，里面有各种动物和鸟类，并听到一个声音对他说话。

> 《使徒行传》9:10-12　当下，在大马士革有一个门徒，名叫亚拿尼亚。主在异象中对他说："亚拿尼亚。"他说："主，我在这里。" 11主对他说："起来！往直街去，在犹大的家里，访问一个大数人，名叫扫罗，他正祷告； 12又看见了一个人，名叫亚拿尼亚，进来按手在他身上，叫他能看见。"

在《以西结书》8:1-4中提到的"异象"一词源自希腊文"HORASIS"，意思是凝视的行为或内在灵感的外在表现。在希伯来文中，"异象"这个词指的是H4758 MAR-EH'，来源于H7200（RA AH）；视野（观看的行为）；也指一种外在的、内心灵感激发的表现。

在《以西结书》11:24-25中提到的"异象"指的是《史特朗经文汇编》希腊文G3708的意思；凝视的行为，也是内心灵感的外在表现；视野或异象。另一个希腊词是G3705，HORAMA HOR'-AM-AH，指的是被凝视的事物，即奇观（尤其是超自然的）；视野或异象。

《使徒行传》9:10-12中的"异象"源自希伯来文，指的是G3705 HOR'-AM-AH，同样来自G3708；被凝视的事物，即奇观（尤其是超自然的）：-视野、异象。一个原始的词根；凝视；精神上的感知、思考，特别是有一个异象；注视、观看、预言，或得到启示。

《但以理书》8:15-26和《但以理书》9描述了但以理有关未来末世的异象。

《但以理书》10:1-21记载了但以理从主而来的异象，有关大天使米迦勒与波斯国的魔君争战之事。

《使徒行传》16:9-10描述了保罗在异象中看见一个马其顿人请求他过去并帮忙向他们传福音。

异象在先知启示性事工中发挥着重要作用，提供对现在和未来事件的洞察。圣灵激发了这些异象，它们既可以被自然地看见，也可以通过灵性看见。圣经中的先知们的经历证明了这些异象的重要性，它们继续激励和指引着现在的基督徒。

异象的类型

异象以多种形式出现，并可以通过不同的方式体验。以下是一些常见的异象类型：

1. 情境、当前时刻，或未来事件的心理形象、符号，和图片。

2. 像播放电影一样的心理形象，带来完整性、释放、医治，和转变。

3. 在自然界中，睁开眼睛时看到的开放异象。

4. 通过属灵的眼睛看到的灵界活动的片段。

5. 在灵里，将一个人从一个地方带到另一个地方的异象，甚至可以影响自然界。《使徒行传》8:39-40 和《哥林多后书》12:1-4 提供了此类异象的例子。

    《使徒行传》 8:39-40 从水里上来，主的灵把腓利提了去，太监也不再见他了，就欢欢喜喜地走路。40后来有人在亚锁遇见腓利。他走遍那地方，在各城宣传福音，直到凯撒利亚。

《哥林多后书》 12:1-4 我自夸固然无益，但我是不得已的。如今我要说到主的显现和启示。 2我认得一个在基督里的人，他前十四年被提到第三层天上去。或在身内，我不知道，或在身外，我也不知道，只有 神知道。 3我认得这人，或在身内，或在身外，我都不知道，只有 神知道。 4他被提到乐园里，听见了隐秘的言语，是人不可说的。

接收和传达异象的正确态度

接收和传达异象需要正确的态度。以下是一些需要牢记的重要事项：

1. 向 神寻求对异象的理解，并证明异象的真实性。

2. 为那些接收异象的人祷告，使他们在过程中与 神合作。

3. 写下或录下异象，并为异象的清晰度和释放时间祷告。

4. 怀着敬畏主的心行事，寻求 神的许可来传达异象。。

5. 理解我们将对代表主所说的每一句话负责。

6. 在即将展开的过程里，顺服 神的声音和引领。

7. 从爱心、谦卑和尊重的立场分享。

8. 除非得到圣灵或值得信赖的先知或领袖的明确指示，否则避免解释异象。

9. 祷告和代祷对于预备听者和先知的心至关重要，使他们可以以正确的心态和 神的语调来接收和传达 神的话语。

10. 适当的时机至关重要。 主会在适当的时候发出季节性的话语，我们必须等待，直到祂再次说话并提醒我们。

11. 识别可以释放的恩膏。信心、确据，和自制力是显而易见的， 神可以在随意的谈话时给予明确的指示。

解释异象

解释异象对于理解 神在任何特定情况下的心意和想法至关重要。以下是一些具有解释异象恩赐的人的例子：

《创世记》40:8中，在他解梦时，约瑟说："解梦不是出于 神吗？"

《但以理书》1:17中提到，但以理对所有异象和异梦都有理解力。

> 《创世记》40:8 他们对他说："我们各人作了一梦，没有人能解。"约瑟说："解梦不是出于 神吗？请你们将梦告诉我。"

> 《但以理书》1:17 这四个少年人，神在各样文字学问上（"学问"原文作"智慧"）赐给他们聪明知识，但以理又明白各样的异象和梦兆。

末世异象：异象将继续被释放，帮助 神的子民为末世灾难和基督再来做好准备。《启示录》记载了向使徒约翰启示的末世异象。

> 《启示录》1:1-3 耶稣基督的启示，就是 神赐给他，叫他将必要快成的事指示他的众仆人。他就差遣使者晓谕他的仆人约翰。 2约翰便将 神的道和耶稣基督的见证，凡自己所看见的都证明出来。 3念这书上预言的和那些听见又遵守其中所记载的，都是有福的；因为日期近了。

当国度先知切切地寻求 神的同在并研究罗格思时，他们会在各种创造性的表达中体验到更多的瑞玛话语，包括确据、到访、异梦，和异象。我们的渴望应该是行走在 神的同在里，并期待在我们的脚掌所踏之处都能看见 神国度的彰显。

第二章

未成熟、虚假和成熟先知的特征

初露头角的先知在发展的初始阶段将面临众多挑战。这些试炼、考验和压力是为了在先知的内心、思想，和意志中培养敬虔的品格和正直的品质。神的过程通常会破碎先知，使他们成为被主所用的有益的尊贵器皿。然而，年轻和不成熟的先知可能很难应对甚至意识到通过考验的低谷所带来的高强度训练和破碎。这些选择顺从自己本能、抵制品格的发展和责任的先知，他们将从肉体中运作，并给自己和他人带来伤害。

《以西结书》13:2-6 警告愚昧的先知，他们凭着自己的心说预言，却什么也没看见。这些先知希望他们的话得到肯定，但成熟的先知明白主的道会得到证实和肯定。

> 《以西结书》13:2-6　"人子啊，你要说预言攻击以色列中说预言的先知，对那些本己心发预言的说：'你们当听耶和华的话！' 3主耶和华如此说：'愚顽的先知有祸了！他们随从自己的心意，却一无所见。 4以色列啊，你的先知好像荒场中的狐狸， 5没有上去堵挡破口，也没有为以色列家重修墙垣，使他们当耶和华的日子在阵上站立得住。 6这些人所见的是，是谎诈的占卜，他们说：'是耶和华说的。'其实耶和华并没有差遣他们，他们倒使人指望那话必然立定。"

年轻和不成熟的先知的特点

1. 他们倾向于根据自己肉体的想法和想象来预言，希望得到认可。

2. 他们经常从旧约审判的观点和批判的角度来预言。

3. 他们可能声称只对 神负责，但当他们的预言受到质疑或判断时，他们会感到被冒犯。

4. 这些先知通常对那些花时间来判断和权衡他们的话的领袖感到不耐烦，坚持认为他们的预言必须得到认真对待，并及时落实。

5. 他们可能具有较少的圣经知识，他们的话可能与圣经不一致。

6. 他们的预言常常是纠正性的和批评性的，反映了他们对教会状况的消极和不成熟的看法。

7. 当被纠正时，不成熟的先知可能不会做出很好的反应，并且可能会认为纠正是针对个人的。

8. 在面对领袖的挑战时，他们可能会离开，并感到受伤和被拒绝。

9. 他们可能未经领导允许就发预言，并且发预言是不按顺序的。

10. 有时，他们可能对人们采取严厉和评判的态度。

年轻和不成熟的先知需要鼓励来操练谦卑，并愿意听从经验丰富的先知的照顾和指导。他们应该寻求导师，在受监督的环境中练习预言，以磨练他们的技能，并培养良好的品格、正义的方法、得体的举止，和正确的动机。他们必须意识到，他们正在接受培训，从而当圣灵指示时，可以在任何情况下，听到天父的心声以传达祂的声音和语调。

成熟先知的特征

成熟的先知重视人际关系，爱人，并在他们周围营造一个家庭的氛围。他们将彰显出正直、良善的果子，并通过成为导师、教师和装备者来培养其他先知。他们始终在成长，并为他人树立良好的榜样。他们由衷地关心其他先知的进步、稳定，和成熟，以及基督身体的健康。他们努力保持弟兄姐妹之间的团结，并向周围的人传递生命。成熟的先知渴望传授和激励他人了解他们的位置和任务，并帮助人们实现他们的命定，并行走在他们的呼召中。

> 《使徒行传》15:25-26 所以我们同心定意拣选几个人（正直、品行端正、结好果子的人），差他们同我们所亲爱的巴拿巴和保罗往你们那里去。26这二人是为我主耶稣基督的名不顾性命的。

> 《使徒行传》15:32 犹大和西拉也是先知，就用许多话劝勉弟兄，坚固他们。

> 《使徒行传》15:35-36 但保罗和巴拿巴仍住在安提阿，和许多别人一同教训人，传主的道。 36过了些日子，保罗对巴拿巴说："我们可以回到从前宣传主道的各城，看望兄弟们景况如何。"

成熟的先知会结出良好的果子，并表现出更高水平的品格。成熟的先知在他们分享的先知启示性话语中将保持更高水平的准确性。我坚信今天没有任何先知可以每次都能百分百准确地预言。然而，我相信一个先知可以不时地百分百准确地发预言。经文教导说我们所知道的有限，先知所讲的也有限。我们的灵魂，我称之为"过滤器"，是被玷污的思想、意志、情感和记忆，也因此是不完美的。我们的灵是完美的，但我们的魂还处于被更新和改变的过程。当圣灵对我们说话时，祂是对我们不完美的思想说话。我们与 神的关系、我们的教育、我们对经文的了解，以及我们的记忆、意志和情感都与我们从主那里接收的信息混合在一起。随着信心的增长、对神话语的更多了解，以及对耶稣的顺服和亲密，准确性将随着时间的推移而提高。我们与耶稣相处的时间越多，我们的转变就越多。

> 《哥林多前书》13:8-10 爱是永不止息。先知讲道之能终必归于无有，说方言之能终必停止，知识也终必归于无有。我们现在所知道的有限，先知所讲的也有限，等那完全的来到，这有限的必归于无有了。

成熟先知的特点

1. 成熟的先知在家庭、工作、社区和教会中表现出并将成为正直的品质和敬虔的品格的典范。

2. 成熟的先知揭示并摧毁影响人民、区域、城市、领地和行政区的黑暗的力量、坚固的营垒，和魔鬼的势力。

3. 成熟的先知是 神国度的播种者和建造者。

4. 成熟的先知会被显明 神的奥秘和秘密，因为他们忠心、顺服，并得到主的信任，常常祷告和代祷。

5. 成熟的先知是可靠的、持久的，和坚决的。

6. 他们是忠实的，当被呼召时，会给出准确的话语和启示性的信息。

7. 他们怀着谦卑、虔诚，和惊叹的心来敬畏主。

8. 他们忠心可靠，值得托付先知启示性的恩赐，无论圣灵引导他们到哪里，他们都会始终如一地服侍他人。

9. 他们始终如一地彰显出圣灵的果子，并接受品格发展的过程。

10. 他们关心每个信徒的进步和成长，他们是基督身体的仆人。

11. 他们对五重执事、其他先知，和教会领袖负责。

12. 他们拥有扎实的圣经知识、理解力，和洞察力。

13. 他们受教、谦虚、平易近人，乐于接受纠正。

14. 成熟的先知不是独行侠。

15. 他们渴望建立和提升他人的信仰，并促进团队的团结。

16. 他们以尊重、尊贵，和友善来对待每个人。

17. 他们将注意力和恩赐引向耶稣，而不是他们自己。

18. 他们有着祷告和代祷的生活方式。

19. 他们热爱敬拜主，喜欢在 神的同在里。

20. 神迹、奇事和天兆将伴随着他们的事工。

21. 成熟的先知希望教导他人如何听到主的声音。

22. 成熟的先知知道事工不是属于他们的，而是属于主的事工。

23. 国度先知也是家庭、工作场所和社区中的属灵战士、代祷者和桥梁建造者。

24. 国度先知看顾保守他们的生活方式，以便与基督徒，其他的使徒、先知，还有他们顺从的领袖建立富有成效的关系。

25. 他们对其他使徒、先知和领袖问责，因为他们重视彼此之间的合作、诚信和忠诚。

成熟先知的特征是多种多样的，涵盖了他们的个性、行为和事工的多个方面。首先，他们优先考虑人际关系，重视人，并在他们周围营造出一种家庭般的氛围。他们表现出良好的果子和正直的品质，并指导和装备其他先知。他们努力树立榜样，并关心他人和基督身体的进步、稳定和成熟。他们的话语促进团结和带来生命。

最重要的是，国度先知在他们的先知启示性事工中展现出良好的果子、敬虔的品格和准确性。他们指导和装备其他先知，关心每个信徒的进步和成长，并与其他领袖建立富有成效的关系。他们负责任且谦卑，寻求促进团结并建设 神的国度。

假先知的特征

假先知表现出某些必然的特征，例如试图以引起注意和认可的方式控制对话和操纵局势。他们喜欢成为众人瞩目的焦点，并且经常带着自己的议程，向教义略有不同的领袖传播恐惧和批评。假先知在教会中说三道四并错误地评判他人，这会造成分裂、混乱、挫折，和谎言传播。通常，他们的真实面目要等到他们造成巨大的损害后才被人们发现。

假先知的特点

1. 以其他的名义说话，谈论不同的神，通过操纵和控制展现出耶洗别的灵。

2. 擅自召开特殊会议，造成分裂。

3. 先知启示性的话语与圣经不符。

4. 假先知是固执的，也不会接受敬虔的劝告、纠正或指导。

5. 他们推销自己，吸引别人的注意，而不把荣耀归给 神。

6. 假先知还会错误地指责和控告他人的不当行为。

7. 他们表现出坏的果子，过着世俗的生活方式，随自己的意愿行事，并试图为自己谋利。

8. 他们渴望平台、赞誉、地位和工作报酬。

9. 他们给出基督再来的日期。

圣经里的许多参考经文，如《列王记上》22:22-23，《申命记》13:1-3，《马太福音》7:15-16，《马可福音》13:21-22，《彼得后书》2:1-3，《约翰一书》4:1-3 都有关于假先知的警告。今天，我们需要更大的分辨恩赐来识别这些假先知和领袖。

> 《列王纪上》22:22-23　耶和华问他说：'你用何法呢？'他说：'我去要在他众先知口中作谎言的灵。'耶和华说：'这样，你必能引诱他，你去如此行吧！' 23现在耶和华使谎言的灵入了你这些先知的口，并且耶和华已经命定降祸于你。"

> 《申命记》13:1-3　"你们中间若有先知或是作梦的起来，向你显个神迹奇事，2 对你说：'我们去随从你素来所不认识的别神，侍奉它们吧！'他所显的神迹奇事，虽有应验，3 你也不可听那先知或是那作梦之人的话。因为这是耶和华你们的 神试验你们，要知道你们是尽心尽性爱耶和华你们的 神不是。

> 《马太福音》7:15-16　"你们要防备假先知，他们到你们这里来，外面披着羊皮，里面却是残暴的狼。16凭着他们的果子，就可以认出他们来。"

《马可福音》13:21-22 "那时若有人对你们说：'看哪，基督在这里'，或说'基督在那里'，你们不要信。 22因为假基督、假先知将要起来，显神迹奇事，倘若能行，就把选民迷惑了。"

《彼得后书》2:1-3 从前在百姓中有假先知起来，将来在你们中间也必有假师傅，私自引进陷害人的异端，连买他们的主他们也不承认，自取速速的灭亡。 2将有许多人随从他们邪淫的行为，便叫真道因他们的缘故被毁谤。 3他们因有贪心，要用捏造的言语在你们身上取利。

《约翰一书》4:1-3 亲爱的弟兄啊，一切的灵，你们不可都信，总要试验那些灵是出于 神的不是，因为世上有许多假先知已经出来了。 2凡灵认耶稣基督是成了肉身来的，就是出于 神的，从此你们可以认出 神的灵来； 3凡灵不认耶稣，就不是出于 神，这是那敌基督者的灵。你们从前听见他要来，现在已经在世上了。

基督的身体在审查先知和领袖所传递的信息时，必须操练分辨的能力，以确保这些信息在教义上是正确的。"判断和衡量"所有先知启示性的话语，辨别每位先知和领袖的果子和品格在今天是非常重要的。然而，避免说坏话、谴责或批评这些人也很重要，因为 神最终会审判并处理假先知。牢记，天空中的王和权势已经用谎言、欺骗和错误的教义渗透并感染了教会，以误导基督的身体。因此，每个成员都有责任认真地查验每一条信息，以确保它们符合圣经的教导。

通过操练分辨能力，并应用 神的话语来判断和衡量所有的预言，基督的身体可以保护自己免受错误的教导，并忠于 神的话语。重要的是要怀着谦卑和爱的心态去对待这项任务，专注于维护真理，而不是攻击那些散布谬误的人。

《帖撒罗尼迦前书》 5:21-22 但要凡事察验，善美的要持守， 22各样的恶事要禁戒不作。

《罗马书》14:12-13 这样看来，我们各人必要将自己的事在 神面前说明。 13所以我们不可再彼此论断，宁可定意，谁也不给弟兄放下绊脚跌人之物。

国度先知具有敏锐的辨别力，能够发现虚伪并识别错误。他们是正直的声音，结出好的果实，并推动 神的子民行善。 神正在膏抹先知，让他们在这末后的日子里说出来自主的真实的以萨迦话语；祂将浇灌下祂的灵，并释放先知启示性的话语，直接说出人们心中的问题（《约翰福音》4:6-30）。《使徒行传》2:16-18 也证实 神要将祂的灵浇灌在反有血气的，儿女要说预言，少年人要见异象，老年人要作异梦。

国度先知展现出非凡的能力，能够发现谎言和识别错误，但又不会傲慢或论断。他们的话语总是充满了来自天父心中的爱，旨在复兴。他们善于控制自己的言语，并用它来向那些对他们的属灵恩赐不熟悉的人传授知识。这些先知以父母的心行事，寻求指导和培养其他领袖。他们愿意与新兴的领袖分享他们的智慧、理解和天国的奥秘，他们不会不感到自己的地位或身份受到威胁。作为成熟的国度先知，他们的重心是服侍王和其他人。

第三章
杂草种子的态度

杂草种子会产生消极的行为和态度，这些行为和态度可能会长成功能失调的树木，并结出没有价值的果实。如果不被认识到并被带到十字架上，这些杂草种子可能会在先知启示性事工中造成无效和操纵性的反应。

杂草种子的特点

1. 自怨自艾："没有人欣赏我所做的，或者我是唯一一个明白的人"。

2. 迫害情结："我是无依无靠的，没有人在乎！"

3. 沮丧：思绪充满了自我挫败和不合格的想法。这会扼杀你的勇气，并消减你的热情。

4. 失望：它使你错过任命。失望会扼杀动力并导致受害者心态。这会导致苦毒的语言从内心深处发出。当心变得苦毒时，喜乐就会被偷走。我们必须时刻保持警惕，消除生活中每次出现的"DIS"之类的失望情绪。如果不消除，潜入的"DIS"最终会窃取、杀害，和摧毁我们。这是撒但用来欺骗每一个信徒，使他们挫败和气馁的方式。

5. 不公平、不满意、不满足，和缺乏联系将摧毁我们的信仰。不快乐会导致一个人的希望、欲望或期望减少。《箴言》13:12 所盼望的迟延未得，令人心忧，所愿意的临到，却是生命树。

6. 随之而来的抑郁症会驱使人们与世隔绝，与人断绝关系并躲避他人。

7. 对朋友或亲人的怨恨情绪会让个人感到被背叛。其他不利影响包括易怒或急躁、愤怒的否认或对他人的仇恨。它还可能产生更长期的影响，例如形成敌对、愤世嫉俗、讽刺的态度。这些有害影响会成为个人和情感成长的障碍。怨恨是恢复人与人之间关系的障碍，必须通过悔改和宽恕来迅速解决。

8. 嫉妒："他们在进步，而我没有。"

9. 羡慕："我想要他们拥有的。"

10. 骄傲："我要按我的方式行事！"

11. 绝望是一种放弃的态度和失去希望的态度。当个人对与自己亲近或亲密的人产生怨恨时，这种怨恨是非常具有破坏性的，并会导致绝望，"有人在听吗？"

12. 这些有害的影响成为个人和情感成长的障碍，阻碍我们进入 神的光、真理和旨意。

许多"DIS"使我们失去信仰，因此我们必须保持警惕并勤于清除我们思想和言语中的所有"DIS"。DIS是罗马冥界的神佩特，DIS-是一个拉丁语前缀，意为"分开"，"分散"，"离开"，倾向于导致、剥夺，或具有消极或逆转的力量。

先知比尔·莱基揭示了"DIS"如何影响我们的思维、态度、情感和意志。失望会扼杀激情，夺走快乐，让我们灰心丧气，从而扼杀勇气。然后我们就会心怀不满，掩盖我们的喜悦，然后沮丧就会扼杀我们的希望。失望扼杀我们的信仰，不满则扼杀我们的联系。灾难破坏秩序，不满则使事情变得恶劣。痛苦会扼杀我们的平安，绝望是一种放弃的态度，会导致我们与他人断绝关系，因为我们不信任那些伤害我们的人。

不饶恕是最具破坏性的杂草种子之一，它会抑制一个人生活中所有的成长和进步。不饶恕的态度会助长不顺服，最终使我们与 神隔离。它通常始于失望，使我们成为受害者，放弃我们的梦想和异象。我们必须保持坚决和警惕，在生活的各个方面摆脱这些情绪。失望让期待的灯"熄灭"。失望和不饶恕会抑制喜乐，剥夺我们对 神的同在和丰盛生命的应许的期待。出自前线国际事工（FRONTLINE INTERNATIONAL MINISTRY）的比尔·莱基。

所有这些杂草种子都阻碍我们进入 神的光、真理和旨意。我们必须将所有的怨言带到主面前，而不是互相抱怨。希望是灵魂的锚，也是期待的燃料。期待是心中获得信心增长的良好土壤。然后信心被运用来做出富有成效和有益的工作，以荣耀主。然后，主通过改变我们的思想和更新我们的心来加强我们，使我们与祂的心一致。耶稣一直在我们身上动工，将祂的爱和品格注入我们，这样我们就可以为别人奉献自己。

《希伯来书》12:1-2 鼓励我们放下各样的重担和容易缠累我们的罪，存心忍耐，奔那摆在我们前头的路程，仰望为我们信心创始成终的耶稣。需要连根拔除的坏杂草种子总是会引发来自圣灵的反应。通常，圣灵会将人们带入我们的生活，从而引发这些反应。他希望我们认识到这些坏种子，并在其上取得属灵的权柄。当我们顺服于 神，抵挡魔鬼，并控制我们的思想时，圣灵总是会帮助我们。

> 《希伯来书》 12:1-2 我们既有这许多的见证人，如同云彩围着我们，就当放下各样的重担，脱去容易缠累我们的罪，存心忍耐，奔那摆在我们前头的路程， 2仰望为我们信心创始成终的耶稣（或作"仰望那将真道创始成终的耶稣"）。

> 《哥林多后书》 10:4-5 我们争战的兵器，本不是属血气的，乃是在 神面前有能力，可以攻破坚固的营垒， 5将各样的计谋，各样拦阻人认识 神的那些自高之事一概攻破了，又将人所有的心意夺回，使他都顺服基督。

如果我们不顺服并信靠主，这些考验将继续浮现，并变得更加具有挑战性，直到我们在这些方面的旧习惯消失。因此，我们必须同意通过耶稣在我们里面形成的方法、方式和动机来发展我们的品格。

连根拔除产生无效果树的杂草种子

当面对困难的考验时，圣灵引导我们认识并根拔那些妨碍我们成长的有害的杂草种子态度。我们可以效法《哥林多后书》10:3-5 中耶稣的榜样来回应，让每一个思想都顺服基督。正如《箴言》10:19 和 21:23 所提醒我们的，明智的克制会带来内心的平静。

　　《箴言》10:19 多言多语难免有过，禁止嘴唇是有智慧。

　　《箴言》21:23 谨守口与舌的，就保守自己免受灾难。

　　《箴言》18:21 生死在舌头的权下，喜爱它的，必吃它所结的果子。

根除杂草种子的另一种方法是在对具有挑战性的情况做出反应之前暂停。通过等待并信靠主向我们展示如何回应，我们可以发现圣灵的语言。 当我们在回应之前犹豫、等待和倾听时，主会很喜悦，因为这可以帮助我们消除愤怒。这个过程需要刻意的实践，但我们可以确信圣灵会将祂的思想注入我们的心灵，让我们有机会像耶稣一样回应。我们应该经常问自己，"耶稣会怎么做？耶稣会说什么？"

　　《雅各书》1:19 我亲爱的弟兄们，这是你们所知道的。但你们各人要快快地听，慢慢地说，慢慢地动怒， 20因为人的怒气并不成就 神的义。

赛耶在这里对"慢"的定义是：要有长久的精神，不灰心，耐心、勇敢地忍受不幸和麻烦。 耐心地承受他人的冒犯和伤害。在复仇时要温和、缓慢，要有长久的忍耐，不轻易发怒，不轻易惩罚。当我们管理好我们的舌头时，我们更容易管理好我们的激愤。

杂草种子也可以通过健康的关系和与他人的责任感来揭示。 当我们注意到他人的杂草种子时，我们必须受教且谦虚，以爱、尊重和尊严对待每个人。正如《箴言》27:17 所建议的，我们应该彼此磨砺彼此的面容，激励彼此去爱和行善，使彼此更加聪明、更加优秀。

　　《箴言》 27:17 铁磨铁，磨出刃来；朋友相感（原文作"磨朋友的脸"），也是如此。

先知需要其他先知来磨平他们的粗糙边缘，并建立健康的关系，促进团队合作，让每个人都能参与其中。

通过认识和根除有害的杂草种子，我们可以发展出反映耶稣品格的富有成效的事工。这需要责任心、谦卑和愿意向他人学习的心。当我们参与团契，并在生活中有导师时，他们可以帮助我们认识到这些态度，并装备我们变得更像耶稣。

未成熟先知的指标和行为

以下内容讨论了未成熟先知的指标和行为，以及他们如何克服自身的不足，在属灵之旅中成长。未成熟的先知在行为和属灵方面都存在不足，通常需要肯定和归属感。由于缺乏信任，他们发现很难给予或接受他人的帮助。他们可能以自我为中心、孤独、内心孤立、努力奋斗、取得成就，并与他人竞争，这会导致焦虑、恐惧、困惑和沮丧。

邪灵可以直接影响人的心灵，使人产生被遗弃感、孤独感、疏离感和隔离感。这些灵依附于那些自尊心低的人，他们通过追求成就来弥补自己的不安全感，有时会自夸、争竞，和独立工作。在自我价值和形象方面挣扎的未成熟先知发现保持健康和信任的关系很困难。专注于内心和自我追求可能会对邪恶的附着和影响打开大门，从而伤害和摧毁一个人的未来。

> 《雅各书》 3:14-18 你们心里若怀着苦毒的嫉妒和纷争，就不可自夸，也不可说谎话抵挡真道。 15这样的智慧不是从上头来的，乃是属地的、属情欲的、属鬼魔的。 16在何处有嫉妒纷争，就在何处有扰乱和各样的坏事。 17惟独从上头来的智慧，先是清洁，后是和平，温良柔顺，满有怜悯，多结善果，没有偏见，没有假冒。 18并且使人和平的，是用和平所栽种的义果。

神呼召我们要靠圣灵而行，并拥有圣灵的心思，当我们通过圣灵的力量与主耶稣建立关系，并花大量时间研读 神的话语时，我们的灵就会成熟。我们的行动和反应应该与圣灵保持一致，因为灵界对自然界有直接的影响和作用。喂养、培育，和珍惜我们自己和他人的生命会影响我们成为什么样的人。

《加拉太书》 5:25 鼓励我们如果我们靠圣灵得生，就当靠圣灵行事。《罗马书》 8:14 提醒我们，凡被 神的灵引导的，都是 神的儿子。《哥林多前书》 2:9-13 解释了 神通过祂的灵向我们启示事物，我们用属灵的言语说属灵的事，而不是凭人的智慧。

《加拉太书》 5:25 我们若是靠圣灵得生，就当靠圣灵行事。

《罗马书》 8:14 因为凡被 神的灵引导的，都是神的儿子。

《哥林多前书》 2:9-13 如经上所记："神为爱他的人所预备的，是眼睛未曾看见，耳朵未曾听见，人心也未曾想到的。"10只有 神藉着圣灵向我们显明了。因为圣灵参透万事，就是 神深奥的事也参透了。11除了在人里头的灵外，谁知道人的事？像这样，除了 神的灵，也没有人知道 神的事。12我们所领受的，并不是世上的灵，乃是从 神来的灵，叫我们能知道 神开恩赐给我们的事。13并且我们讲说这些事，不是用人智慧所指教的言语，乃是用圣灵所指教的言语，将属灵的话解释属灵的事（或作"将属灵的事讲与属灵的人"）。

父亲和孩子之间的关系直接影响我们身份的形成和培养。如果我们的亲生父亲正确地养育我们，它应该反映出我们如何看待天父的健康画面。然而，当我们与地上的父母的关系破裂时，信任、安全感和关系问题就会出现，使得我们与天父的互动变得困难。必须进行治愈和恢复。

作为基督的追随者，我们必须持续向自我而死，并唯独以我们在耶稣基督里的身份活着。圣灵引领我们将心和注意力转向天父，在那里，真正的被领养的儿女身份得以被建立、培养和发展。滋养和保护我们与天父的关系需要每天与圣灵交流和团契。

《罗马书》 8:13-17 你们若顺从肉体活着，必要死；若靠着圣灵治死身体的恶行，必要活着。14因为凡被 神的灵引导的，都是 神的儿子。15你们所受的不是奴仆的心，仍旧害怕；所受的乃是儿子的心，因此我们呼叫："阿爸，父！"16圣灵与我们的心同证我们是 神的儿女；17既是儿女，便是后嗣，就是 神的后嗣，和基督同作后嗣。如果我们和他一同受苦，也必和他一同得荣耀。

在这一部分，我们将揭示表明未发展成熟的行为和灵的人格特征。认识这些领域对于克服阻碍先知成熟和稳定的障碍至关重要。通过这样做，一个人可以通过耶稣和圣灵的工作得到释放、医治和转变。

1. 他们倾向于竞争并需要认可。

   - 他们倾向于隐藏自己的局限性和失败。

   - 他们将他人的优点视为竞争并回避他们。

   - 他们通过诽谤、闲聊、诋毁和批评他人的弱点来获得满足。

   - 他们为自己寻求关注。

未成熟的先知常常感到不被接受，想要过早地证明自己的价值。他们在头衔中找到自己的身份，并想要控制和操纵他人。然而，属于耶稣的真先知专注于建立、促进、服侍，和看到他人的优点，并祝福他人。

2. 他们倾向于孤立，独立行事

   - 他们倾向于在身体和/或情感上远离他人，因为他们不喜欢建设性的批评，并容易感到冒犯。

   - 他们采取独立的态度，不需要他人负责，认为他们能听到 神的声音就足够了。

   - 他们觉得没有人理解他们，也没有人倾听他们的意见。

   - 他们更多地预言审判和纠正，导致他人感到内疚、羞愧，以及被拆毁，而不是建立、造就，和鼓励他人。

那些品格不成熟、行为不良的人，会有一种被抛弃的感觉，并认为自己不属于一个属灵的家庭。他们倾向于独自行动和成长，无需其他先知或成熟信徒的帮助。然而，所有的信徒都需要别人在他们的生活中发现盲点，就像铁磨铁一样。我们都需要导师，我们也应该成为别人的导师。

3. 他们饱受失败、拒绝和不安全感带来的恐惧。

   - 他们经常需要领袖的不断肯定。

   - 他们对自己的属灵恩赐或事工位置缺乏信心，并经常需要鼓励。

- 他们需要证明自己才能得到晋升。

- 他们对自己的事工领域和任务非常有保护欲和领地意识。

- 他们在允许别人接近自己时变得局促和谨慎，避免建立健康的关系。

那些品格不成熟、行为不良的人对自己的位置和权柄缺乏信心。他们感到不被遮盖、不被保护，他们的本能是保护自己和自己的位置。他们害怕自己得不到认可或地位，因此会更加努力地揭露他人的错误。他们寻找人们身上的不良特质，并通过八卦来揭露它们。

4. 他们变得更加注重表现。

- 他们不断努力超越他人。

- 他们倾向于评判其他团队成员或领导的弱点或不佳的表现，并对缺乏参与感到不满。

- 他们对他人怀有不信任感，并认为自己随时可能受到"惩罚"。

那些性格不成熟、行为不良的人会感到被拒绝，因此相信他们必须通过在工作中付出更大的努力和更长的时间来弥补，才能得到认可和赞赏。然而，圣灵并不要求我们去表现，而是要我们去服侍别人。我们用我们的恩赐来建立基督的身体，信实而喜乐地彼此服侍。

《雅各书》 3:13-18 你们中间谁是有智慧、有见识的呢？他就当在智慧的温柔上显出他的善行来。 14你们心里若怀着苦毒的嫉妒和纷争，就不可自夸，也不可说谎话抵挡真道。 15这样的智慧不是从上头来的，乃是属地的、属情欲的、属鬼魔的。 16在何处有嫉妒纷争，就在何处有扰乱和各样的坏事。 17唯独从上头来的智慧，先是清洁，后是和平，温良柔顺，满有怜悯，多结善果，没有偏见，没有假冒。 18并且使人和平的，是用和平所栽种的义果。

随着先知在品格、恩赐和任务中变得成熟，他们的目标是成为那些 神让他们照料的人的教师、导师、父亲和母亲。领袖自己应该成为以基督为中心的榜样，这样他们的学生才能反过来成为属灵的父母和富有成效的基督追随者。

《哥林多前书》 4:14-16 我写这话，不是叫你们羞愧，乃是警戒你们，好像我所亲爱的儿女一样。15你们学基督的，师傅虽有一万，为父的却是不多，因我在基督耶稣里用福音生了你们。16所以，我求你们效法我。

神对我们每一个人都有一个独特的呼召和要实现的命定。为此，我们必须做出公义的选择，信实地管理我们的恩赐和才能，并建立在 神的目的上，并以 神的旨意为基础，在我们周围推进祂的国度。作为多结果子的门徒、强大的战士、国王的代理人和大使，以及可信赖的仆人，我们有责任使用 神赋予我们的能力来服务祂的计划。

为了有效地做到这一点，我们的心必须与天父的心一致。今天的国度先知启示性话语必须发自内心，彼此传递安慰、鼓励、振奋和劝诫的话语，引导彼此达到新的理解高度，更深刻地认识 神的国度。我们的思想、心灵和信仰体系必须随着时间的推移而发展成为圣灵正在更新和转变的新人。我们必须与祂合作，并顺服这种发展，因为这是我们品格发展过程中不可或缺的一部分，将我们塑造成为 神所召唤成为的人。

第四章
智慧的言语和知识的言语

在这一章中，我们将探讨智慧的言语和知识的言语之间的区别。我们还将讨论这些话语如何揭示我们旅程的故事，并带来恩膏以释放适当的平衡，使我们能够在节制、信任和确信中前行。

首先，我们需要了解知识的言语能提供有关情况、环境或问题解决方案的信息性启示和理解。另一方面，智慧的言语更具方向性，能提供指导和洞察力，使人走在 神希望他们走的正确道路上。

智慧的言语 根据《哥林多前书》12:8，有些人通过圣灵获得智慧的言语，而其他人则通过同样的圣灵获得知识的言语。智慧的言语是明智的建议，可以揭示隐藏的事物，及时将 神的光和真理应用于任何情况。智慧可以是世俗的，也可以是属灵的，而属灵的智慧只来自 神。受启发的智慧言语将为任何特定情况带来改善和恩膏。先知启示性的智慧是清洁的，可以抓住人的心思意念。它可以在人类的理解力无法解释的意外时刻揭示 神旨意的真理。

> 《雅各书》 3:14-18 你们心里若怀着苦毒的嫉妒和纷争，就不可自夸，也不可说谎话抵挡真道。 15这样的智慧不是从上头来的，乃是属地的、属情欲的、属魔鬼的。 16在何处有嫉妒纷争，就在何处有扰乱和各样的坏事。 17惟独从上头来的智慧，先是清洁，后是和平，温柔柔顺，满有怜悯，多结善果，没有偏见，没有假冒。 18并且使人和平的，是用和平所栽种的义果。

知识的言语是来自圣灵的属灵启示，是我们人类的能力无法解释的。圣灵会启示事实、当前情况，或某人过去发生的事情。这种属灵知识可以揭示一个人或地方的状况、性质和思想，而这在自然界中似乎是不可能的。知识的言语经常出现在释放、医治，和咨询事工中。这种神圣的知识可以强调一些等待揭示或发现的隐藏事物。知识的言语可以为一些旧的或新的事物带来亮光，以揭示 神的救赎目的。例如：《约翰福音》 4:7-29中记载的井边的妇人。注意：这些事情非常微妙，耶稣以恩典、爱、尊重和温柔来讲话和服侍。

根据《哥林多前书》 12:7-8，圣灵彰显在个人身上，是为了所有人的益处。《箴言》 2:6-11 提醒我们，主赐智慧，知识和聪明都由祂的口而出。当智慧进入我们的心中，知识使我们的灵魂愉悦时，谋略就会护卫我们，聪明也会保守我们。

> 《哥林多前书》 12:7-8 圣灵显在各人身上，是叫人得益处。 8这人蒙圣灵赐他智慧的言语，那人也蒙这位圣灵赐他知识的言语，

> 《箴言》 2:6-11 因为耶和华赐人智慧，知识和聪明都由他口而出。 7他给正直人存留真智慧，给行为纯正的人作盾牌， 8为要保守公平人的路，护庇虔诚人的道。 9你也必明白仁义、公平、正直，一切的善道。 10智慧必入你心，你的灵要以知识为美。11谋略必护卫你，聪明必保守你。

智慧的言语和知识的言语中的隐藏目的

1. 神的智慧和知识将使我们更接近圣灵。

2. 二者都能建立信心和盼望。

3. 二者都揭示了 神对我们的爱与关注。

4. 神的智慧和知识赋予我们恩典和耐心，使我们能够恒久忍耐。

5. 神的智慧和知识激发了我们对未来的平安和希望。

6. 祂的智慧和知识使我们感受到他的良善，充满喜乐和力量，让我们可以忍耐并坚持不懈。

祂的智慧和知识将引导我们走向真理，突显我们命定的道路，揭示我们的使命。

先知启示性的经文和先知启示性的话语

先知启示性经文中充满了关于王国兴衰的预言，预示未来的同时警告人们即将到来的审判。预言可以关于我们的过去、现在和未来，揭示 神的旨意和应许。有关于耶稣的诞生、生平、死亡和复活，还有末世，以及我们在天堂的永久家园的预言。先知启示性经文向我们展示了应该如何传递、接受，以及如何回应预言。圣经是 神及其国度原则的绝对真理、模式和指南。所有经文都具有"DUNAMIS（音译：迪那米斯）"的力量和权柄来实现 神的旨意。

> 《提摩太后书》 3:16-17："圣经都是 神所默示的（或作"凡 神所默示的圣经"），于教训、督责、使人归正、教导人学义都是有益的，17 使属 神的人得以完全，预备行各样的善事。"

> 《希伯来书》 4:12 神的道是活泼的、是有功效的，比一切两刃的剑更快，甚至魂与灵、骨节与骨髓，都能刺入、剖开，连心中的思念和主意都能辨明。

DUNAMIS（音译：迪那米斯）是一个希腊词，意思是力量。DUNAMIS 在新约中被使用了 117 次，它具有独特的含义，代表着一种强大的力量。它从一个人身上流出，赋予他们做超自然事情的能力，例如奇迹或道德上卓越的行为。在《马可福音》 5 章中，圣经让我们瞥见了 神通过耶稣发挥的神圣力量；在那里，我们看到我们的主用"DUNAMIS"从一个被鬼附身的人身上赶走了污鬼（《马可福音》 5:6-8），他还用同样的力量使一个死去的孩子复活（《马可福音》 5:40-42）

> 《马可福音》 5:30 耶稣顿时心里觉得有能力从自己身上出去，就在众人中间转过来，说："谁摸我的衣裳？"

> 《使徒行传》 1:8 但圣灵降临在你们身上，你们就必得着能力；并要在耶路撒冷、犹太全地和撒玛利亚，直到地极，作我的见证。"

受启发的先知启示性话语——说出来的话（希腊语原文为 ΛΑΛΕΩ LALÉŌ, LAL-EH'-O;），说话，即发出言语——传道、说、讲述，或发出（声音）。根据《史特朗经文汇编》G2980，说话、保证，以及用话语表达自己的思想和揭示自己的想法。

> 《但以理书》 2:28-30只有一位在天上的 神，能显明奥秘的事；他已将日后必有的事指示尼布甲尼撒王。你的梦和你在床上脑中的异象是这样： 29王啊，你在床上想到后来的事，那显明奥秘事的主把将来必有的事指示你。 30至于那奥秘的事显明给我，并非因我的智慧胜过一切活人，乃为使王知道梦的讲解和心里的思念。

国度的先知必须运用最伟大的恩赐和方法，那就是爱，才能使他们的先知启示性话语有意义、有影响力，和有恩膏。爱应该是每个基督追随者的目标和动力，尤其是先知。正如《哥林多前书》 13:2 所述，即使一个人拥有预言的恩赐，明白一切奥秘和知识，且有信心能够移山，但倘若没有爱，这一切都是无益的。受启发的先知启示性话语传达 神的心意，并通过圣灵的感动随时印证祂的旨意和真理。圣灵可能会传达一个人心思意念中的想法和意图。

国度先知必须记住，预言的目的始终是鼓励、劝勉、安慰，和建造，而不是拆毁。 神将他人的个人信息托付给先知，并要求他们妥善管理这些信息。作为 神奥秘的管家，他们必须保持忠心。

 神希望全人类通过圣经和圣灵听到祂的声音。圣灵教导我们一切与生命、真理和敬虔相关的事情，祂的信息涵盖了这些原则。 神希望先知以恩典、怜悯、温柔和尊重来传递祂的信息，同时绝不论断他人的内心。

 神每次都在寻找爱、顺从、忠诚和可信赖读。当 神信任我们时，祂会用我们来荣耀祂。当先知在小事上忠心时， 神会给予他们更多。我们为祂所做的越多，我们就越像祂。

预言的准确性

预言的准确性各不相同，有些预言完全准确，而有些预言则不太准确。为什么会这样呢？因为预言是 神带给人类头脑里的信息，我们用自己的语言进行交流。我们的灵魂—我们的思想、意志、情感、记忆和经历—在接

收 神的信息时充当过滤器。教育、知识、对圣经的理解和解释，以及与主在安静的地方相处的时间，都终将成为该信息的一部分。

《哥林多前书》 13:9 告诉我们，我们只是知道和预言一部分。然而，这并不意味着我们应该忽视先知启示性的信息。根据《帖撒罗尼迦前书》 5:20-21 所教导的，我们不应该藐视预言，而应该凡事察验，持守那善美的。《箴言》 4:23 也告诉我们要切切保守我们的心，因为一生的果效是由心发出的。 正如《箴言》 3:5-6 所建议的，专心仰赖耶和华，祂必指引我们的路。

先知经常会收到揭示深层次个人问题和敏感经历的预言。国度先知应该以谦卑、尊重，和尊荣他人的态度来应对这些情况，在这些微妙的情况中寻求 神的救赎目的。他们具有保护、捍卫、和培育人们的品质，鼓励他们蓬勃发展并走向胜利。受启发的先知启示性信息可以触动听者的心，敦促他们竭尽全力地获得 神的应许。

处理隐秘和敏感问题的恰当方法

1. 听从圣灵的指引，了解释放所有敏感信息的时机。这是一个"现在"的话语还是"以后"的话语？

2. 顺服天父内心的语调。 神传递的语调是温柔、坚定、肯定、教导性的，还是指导性的？他的语调是纠正性的吗？如果是，那么一定要确保姿势和态度都是出于爱。 神在治愈和恢复方面总是富有创造力和救赎性的。

3. 说话时总是保持谦卑、温柔和有尊严。

4. 记住要说出带有希望的、充满生命力的话语，引领人们走向光明的未来。

5. 理解 神不会提起任何已经被祂的宝血所遮盖的事情。然而， 神会揭示和暴露任何操纵我们思想、阻碍我们前进的营垒或争论。

6. 神可能会揭露隐秘的罪，但祂的方式是富有创造性和敏锐性的，以救赎、建立、转变和恢复为目的。先知启示性的话语不应该给任何人造成伤害，又或者曝光问题，给他人带来尴尬、愧疚，或羞耻。

创造性的方式

圣灵的创造力是无限的，祂总能以非凡和非传统的方式来沟通，让我们惊叹不已。祂可以随时使用一切必要的方法来对我们说话并传达祂的旨意。祂的方式是强有力且有意义的，祂甚至会使用创造物本身来表达和揭示祂的计划和目的。圣经中充满了 神通过创造物和动物说话的故事，证明了祂多面的和创新的方式。

例如，在《民数记》中， 神通过一匹驴对即将做出错误决定的先知巴兰说话。驴子能够看到主的使者手持拔出来的刀挡住道路，并警告巴兰有危险。另一个例子是， 神利用风分开红海，使以色列人安全到达对岸，而追赶的埃及军队则被淹没。以下这些故事证明了 神可以运用祂的创造物的不同方面来传达祂的旨意并实现祂的目的。

1. 神通过燃烧的荆棘中的火焰对摩西说话。《出埃及记》 3:1-21

2. 神使用亚伦的杖，并将其变成了一条蛇。《出埃及记》 7:1-12

3. 神通过一匹驴对巴兰说话，然后又通过主的使者说话。《民数记》 22:20-36

4. 神使用乌鸦在约旦河东边的小溪边供养以利亚。《列王记上》 17:1-7

5. 神用一条大鱼来引起约拿的注意。《约拿书》 1:17

6. 神用一条鱼向西门提供税银。《马太福音》 17:24-27

7. 神利用海和风教导门徒有关信心的教训。《马太福音》 14:24-33。

因此，对圣灵创造性的方法保持开放的思想和心态至关重要。祂可能通过异梦、异象、大自然、音乐或其他任何祂选择的方式与我们交谈。我们有责任辨别和理解祂的信息，并做出相应的回应。当我们对祂的创造性方法保持开放态度时，我们允许他以非凡的方式在我们身上和通过我们工作，这不仅会影响我们自己，也会影响我们周围的人。

国度先知明白，预言的准确性需要经过时间的培养，还有通过严格的准备和对 神呼召的坚定顺服。他们认识到，他们不能逃避任何考验，也不能在学习圣经时粗心大意。对他人负责和建立牢固的亲密关系对于先知的成长和成熟至关重要。国度先知承认，花时间研读 神的话语并与主耶稣交流对于他们作为 神仆人的成功至关重要。

神的时间安排是经过深思熟虑和有条不紊的，专注于通过圣灵培养先知的品格和正直。祂不断地评估和考验，以磨练先知，这个过程会一直持续到他们在地上的旅程结束。国度先知明白，他们的成长和发展是持续的，需要坚定地致力于 神的旨意和 神的方式。

第五章
预言的恩赐

预言的恩赐涉及在三个主要领域传达 神的心意：建立、劝勉和安慰。预言绝不能增加或减少圣经的内容，因为圣经是最终的权威和完整的。纵观历史和每个时代， 神话语里的无数预言、奥秘和秘密已被揭开，至今有些仍在被继续揭示。 神的爱、审判和目的不断展现，向人类揭示祂的创造力和旨意。

那些被 神膏抹的法令和宣告的预言可以改变属灵的氛围并启动国度的活动。然而，它们必须始终与圣经保持一致。预言的恩赐的主要目的是建立、劝勉、安慰，并确认 神的旨意。

> 《哥林多前书》 14:3 但作先知讲道的，是对人说，要造就、安慰、劝勉人。

圣灵充当确认的调解人，说出坚定而可靠的话。预言的话语可以为 神已经说过的话或即将要做的事情带来稳定和确认。通常，这些肯定的话语是在适当的时机给出的，以释放一定程度的信心和顺服，以从事一项任务、经历考验，或开始一项新的使命。

> 《马可福音》 16:20 门徒出去，到处宣传福音，主和他们同工，用神迹随着，证实所传的道。

造就涉及个人的道德和宗教发展，通过在知识、道德或信仰领域提供指导、教导、改进和进步来培养个人的思想。造就可以安慰和加强、振奋、鼓舞和支持，在灾难、痛苦、危险或病弱时提供慰藉。

在《约翰福音》4:10-18 中，耶稣与一位妇女交谈，向她提供活水，她请求这水能让她避免口渴和打水。然后耶稣要求这位妇女叫来她的丈夫，她承认她没有丈夫。耶稣肯定了她的诚实，并揭示她有过五个丈夫，目前与一个不是她丈夫的人同居。

通过这次互动，耶稣向女人教导了"祂"所提供的活水，这水能带来永生和满足。此外，他还以一种引导她自我反省的方式，让她面对过去和现在的关系，并有可能鼓励她走上道德进步的道路。

劝勉：定义：韦伯斯特（劝勉）和赛耶 3870

"鼓励，鼓舞，欢呼和建议。其主要含义似乎是激发或在精神和勇气上给予力量。用言语或建议激励；通过慈善行为或对行为或行动的赞扬来鼓励。对个人和集体提出建议、警告和告诫。激励或刺激努力。"

> 《以西结书》3:17-19 "人子啊，我立你作以色列家守望的人，所以你要听我口中的话，替我警戒他们。18我何时指着恶人说：'他必要死'，你若不警戒他，也不劝戒他，使他离开恶行，拯救他的性命，这恶人必死在罪孽之中，我却要向你讨他丧命的罪（原文作"血"）。19倘若你警戒恶人，他仍不转离罪恶，也不离开恶行，他必死在罪孽之中，你却救自己脱离了罪。"

安慰：定义：赛耶 G3870、G3874、G3889、G3931、G4395、G4396

使人坚强、鼓舞和振奋。在沮丧或苦恼时使人坚强。安慰，使人精神焕发或摆脱烦恼。在灾难、苦恼、危险或病弱时提供支持、安慰。

> 《历代志上》19:1-2 此后，亚扪人的王拿辖死了，他的儿子接续他作王。2大卫说："我要照着哈嫩的父亲拿辖厚待我的恩典厚待哈嫩。"于是大卫差遣使者为他丧父安慰他。大卫的臣仆到了亚扪人的境内见哈嫩，要安慰他。

《哥林多前书》 14:31-32 因为你们都可以一个一个地作先知讲道，叫众人学道理，叫众人得劝勉。 32先知的灵原是顺服先知的，

圣经是 神思想的书面形式

圣经是 神与人类对话的主要方式。圣经是 神思想的书面表现。它是 神与人类交流的主要方式，因此，它是作为 神的存在、旨意和对人类计划的最终权威和记录。在圣经中，我们发现了每个问题的正确解决方案，并更深入地了解了 神是谁，以及如何与祂建立亲密的关系。通过其中的故事和正义生活的例子，圣经为我们提供了一张照亮我们过去、现在和未来的路线图。

《提摩太后书》 3:16-17 圣经都是 神所默示的（或作"凡 神所默示的圣经"），于教训、督责、使人归正、教导人学义都是有益的，17叫属 神的人得以完全，预备行各样的善事。

圣灵是 神思想的活化形式

圣灵是 神思想的活性化身。作为耶稣的代言人，祂只传达天父所传达的信息。圣灵是天父赐给耶稣的非凡礼物，而耶稣又将祂差遣给我们，使我们与天父和耶稣合而为一。《约翰福音》 15:26-27"但我要从父那里差保惠师来，就是从父出来真理的圣灵，他来了，就要为我作见证。"一旦圣灵与我们的灵结合，我们就获得准入、统治和权利，享受与 神和耶稣的国度有关的一切。我们成为天父宝座的继承人和合法后代。圣灵是我们最终的盟友、顾问、爱人和挚友，向我们传达 神的想法。

《约翰福音》 14:26 但保惠师，就是父因我的名所要差来的圣灵，他要将一切的事指教你们，并且要叫你们想起我对你们所说的一切话。

《约翰福音》 16:13-15 只等真理的圣灵来了，他要引导你们明白（原文作"进入"）一切的真理；因为他不是凭自己说的，乃是把他所听见的都说出来，并要把将来的事告诉你们。 14他要荣耀我，因为他要将受于我的告诉你们。 15凡父所有的，都是我的，所以我说，他要他要将受于我的告诉你们。"

预言是 神思想的言语形式

预言是 神思想的口头表达形式。通过预言，神揭示了祂拯救和转变人类的心愿和意图。通过借着个人说话，神展示了祂的本性和公义的品格，引导人们走向真理和正义的生活。圣灵作为引导力量，从天上的宝座引导和传达 神的思想，带领人们走向耶稣，并赋予他们每时每刻所需的属天的理解和智慧。每个人都拥有独特的恩赐和才能，这些恩赐和才能是个人特有的，是影响周围人的有力工具，将 神的话语带给这个动荡的世界。神喜欢说话并展示祂对人类的爱，神的话语仍然是祂与我们交流的主要方式，而预言则是祂神圣交流的另一种途径。

>《阿摩司书》 3:7 主耶和华若不将奥秘指示他的仆人众先知，就一无所行。

>《路加福音》 1:70 正如主藉着从创世以来，圣先知的口所说的话，

>《彼得后书》 1:21 因为预言从来没有出于人意的，乃是人被圣灵感动，说出 神的话来。

预言有力量对我们的过去、现在和未来说话

当先知启示性的话语揭示出我们过去的问题、动机或错误心态时，它们可以帮助我们克服可能阻碍我们成长的障碍。例如，对自己或他人的不饶恕和苦毒会阻碍我们进步。因此，在继续前进之前，解决这些问题至关重要。

当前的预言可以反映出我们心灵深处的主要见证，为我们当前的情况增加确认的层次。这些话语还可以通过揭示"现在"的重要信息，让我们为未来做好准备。

同样，关于我们未来的先知启示性话语详细阐述了我们下一个阶段或发展所需的内容。这些话语提供清晰的方向，使我们能够与 神的旨意对齐，实现正确的国度对齐。

总体而言，预言在为我们的过去、现在和未来提供方向、清晰度和洞察力方面发挥着至关重要的作用。它鼓励成长，灌输希望，并帮助我们与 神为我们的生活制定的计划保持一致。

谈及过去的预言

《列王记上》21:17-20　耶和华的话临到提斯比人以利亚说：　18你起来，去见住撒玛利亚的以色列王亚哈，他下去要得拿伯的葡萄园，现今正在那园里。　19你要对他说：'耶和华如此说：你杀了人，又得他的产业吗？'又要对他说：耶和华如此说：狗在何处舔拿伯的血，也必在何处舔你的血。"　20亚哈对以利亚说："我仇敌啊，你找到我吗？"他回答说："我找到你了，因为你卖了自己，行耶和华眼中看为恶的事。

《彼得前书》1:10-11　论到这救恩，那预先说你们要得恩典的众先知早已详细地寻求考察，　11就是考察在他们心里基督的圣灵，预先证明基督受苦难，后来得荣耀，是指着什么时候，并怎样的时候。

谈及现在的预言

《撒母耳记上》17:45-46　大卫对非利士人说："你来攻击我，是靠着刀枪和铜戟；我来攻击你，是靠着万军之耶和华的名，就是你所怒骂带领以色列军队的 神。　46今日耶和华必将你交在我手里。我必杀你，斩你的头，又将非利士军兵的尸首给空中的飞鸟、地上的野兽吃，使普天下的人都知道以色列中有 神；

《以西结书》37:5-10　主耶和华对这些骸骨如此说："我必使气息进入你们里面，你们就要活了。　6我必给你们加上筋，使你们长肉，又将皮遮蔽你们，使气息进入你们里面，你们就要活了。你们便知道我是耶和华。"7于是我遵命说预言。正说预言的时候，不料，有响声，有地震，骨与骨互相联络。　8我观看，见骸骨上有筋，也长了肉，又有皮遮蔽其上，只是还没有气息。　9主对我说："人子啊，你要发预言，向风发预言，说主耶和华如此说：气息啊，要从四方（原文作"风"）而来，吹在这些被杀的人身上，使他们活了！"　10于是我遵命说预言，气息就进入骸骨，骸骨便活了，并且站起来，成了极大的军队。

《使徒行传》5:1-11　有一个人，名叫亚拿尼亚，同他的妻子撒非喇卖了田产，　2把价银私自留下几份，他的妻子也知道，其余的几份拿来放在使徒脚前。（请阅读第3-11节以获得完整的例子）。

谈及未来的预言

《但以理书》 2:20-25 但以理说："神的名是应当称颂的，从亘古直到永远，因为智慧能力都属乎他。 21他改变时候、日期，废王、立王，将智慧赐与智慧人，将知识赐与聪明人。 22他显明深奥隐秘的事，知道暗中所有的，光明也与他同居。 23我列祖的 神啊，我感谢你、赞美你，因你将智慧才能赐给我，允准我们所求的，把王的事给我们指明。" 24于是但以理进去见亚略，就是王所派灭绝巴比伦哲士的，对他说："不要灭绝巴比伦的哲士，求你领我到王面前，我要将梦的讲解告诉王。"25亚略就急忙将但以理领到王面前，对王说："我在被掳的犹大人中遇见一人，他能将梦的讲解告诉王。"

《使徒行传》 11:27-28 当那些日子，有几位先知从耶路撒冷下到安提阿。 28内中有一位名叫亚迦布，站起来，藉着圣灵指明天下将有大饥荒； 这事到革老丢年间果然有了。

《使徒行传》 2:16-18 这正是先知约珥所说的： 17'神说，在末后的日子，我要将我的灵浇灌凡有血气的，你们的儿女要说预言，你们的少年人要见异象，老年人要作异梦。 18在那些日子，我要将我的灵浇灌我的仆人和使女，他们就要说预言。

当圣灵将祂的光辉照耀在我们生活中需要转变的领域，而我们顺从这一过程时， 神就会推动我们进入命定的下一个阶段。针对当下的先知启示性话语代表了我们当前的现实，并揭示了 神如何希望我们朝着祂所命定的国度旨意前进，将我们推向未来。这些话语带来新的见解和新的启示，点燃了我们追求信息中的应许的渴望。随着对未来进展的希望和兴奋涌现，我们内心的眼睛被圣灵开启，我们开始更多地了解自己的价值和命定。在《腓立比书》 3:13-15 中，使徒保罗鼓励我们忘记背后，努力面前的，向着标杆直跑，要得 神在基督耶稣里从上面召我们的奖赏。随着我们信仰的成熟，我们应该采取这种心态。如果我们存别样的心， 神会向我们揭示。

《帖撒罗尼迦后书》2:16-17 但愿我们主耶稣基督和那爱我们、开恩将永远的安慰并美好的盼望赐给我们的父 神， 17安慰你们的心，并且在一切善行善言上坚固你们。

谈及未来的先知启示性话语是强有力的鼓励，激励我们继续前进，抓住神对我们的应许。这样的话语可以传达深刻的价值感，激励我们达到新的理解、发展和成长水平。这就是推动我们走向命定的力量。当我们从圣灵那里获得这种力量时，我们就能够与祂站在一边，大胆说话，见证他的真理，发出及时而改变生命的预言。通过这种力量，我们可以成为促进身边的人生命转变的人。

> 《使徒行传》1:8 "但圣灵降临在你们身上，你们就必得着能力；并要在耶路撒冷、犹太全地和撒玛利亚，直到地极，作我的见证。"

我们的思想和行动应该以取悦和荣耀主为导向。因此，我们的行为、思想、动机和行动将发生转变，我们将更加关心基督身体的成熟和成长。这种新的国度先知的表达将受到爱的激励，希望引导人们使用他们的恩赐并履行他们的任务。他们将更愿意为他人献出生命。

随着国度先知继续顺服并接受持续的压力、塑造、试炼和发展过程，他们将经历成长。《箴言》17:3 提醒我们，鼎为炼银，炉为炼金，惟有耶和华熬炼人心。

预言揭示了下一步，有助于揭示我们的身份，告诉我们我们目前的立场以及 神希望我们去的方向。"

> 《箴言》15:23 口善应对，自觉喜乐，话合其时，何等美好。

> 《以弗所书》4:29 污秽的言语，一句不可出口，只要随事说造就人的好话，叫听见的人得益处。

> 《帖撒罗尼迦前书》5:11 所以，你们该彼此劝慰，互相建立，正如你们素常所行的。

处理和衡量个人预言

- 必须根据圣经来评估预言。参见《约翰一书》4:1-6。
- 回顾过去的预言，寻找模式、季节、时机，和晋升。

- 记录预言，以确保准确性和责任性，并用来回顾。

- 默想它们以寻求鼓励。不要只是把它们束之高阁，什么也不做。常常祈祷并寻求更多的启示和指导。

- 做点什么：行动-阅读-祷告-默想-学习-拥抱-追求-跨出一步。

- 信仰与行动相结合会产生结果。

- 学会用你的灵来作见证并且达成一致。询问并寻求确认。

- 打好这场美好的仗。不要让任何事情阻止你实现你的命定。好士兵的考验是永不逃跑、退出，或放弃。参见《提摩太前书》 1:18。

- 如果先知启示性话语是关于你的呼召或任务，那么就研读圣经中关于这个恩赐的内容；阅读那些结出好果子并给 神带来荣耀和荣誉的作者写的书。这是勤奋的考验，要求你去询问、寻找和敲门。

- 如果这是一个有关方向的先知启示性话语，那么就祷告并向主求证，留给圣灵时间来展开这个预言。要认识到发展有不同的阶段。这是对耐心和忍耐力的考验。

- 坚持预言的方向。除非圣灵明确指示，否则不要做任何不同的事情或改变方向。这是对信实的考验。

真正的预言会建造并引领人们走向 神的话语、 神的同在、 神的旨意，以及 神对丰盛生命的应许。受膏的预言会释放内在的见证、喜乐、信心、启动，和希望。圣灵将赋予人们继续坚持下去并参与其中的强烈愿望。

需要记住的最重要的事情之一是，正如《哥林多前书》 12:7-31 所述，圣灵的恩赐是为了所有人的益处而赐给予每一个人的。属灵恩赐的目的是祝福和装备基督的身体进行服侍，而不是为了抬高彰显恩赐的人。它们不取决于成熟度、智慧或品格，而是根据圣灵认为合适的情况自由赐予的。

个人的预言需要信心来实现和顺服来获得

《希伯来书》 11:6 人非有信，就不能得 神的喜悦；因为到 神面前来的人，必须信有 神，且信他赏赐那寻求他的人。

当我们收到有关个人的先知启示性话语时，我们应该问以下问题：

1. 这个预言是否包含造就、安慰和鼓励？它是否照亮了道路并指明了方向？它是否提供建设性的纠正？这个先知启示性话语是否释放了获得应许的能力？

2. 主要的信息是什么？

3. 有没有激活和激励你尽心、尽意、尽力地追求 神？

4. 我现在应该做什么？为了前进和晋升，下一步是什么？

5. 我是否有向圣灵寻求指导、方向和确据？

6. 这个话语是否符合圣经的教导？

询问这些问题会让我们更加靠近 神，鼓励祷告、亲密，并与圣灵的对话。如果我们无法辨别下一步，这可能是我们还没有准备好前进的迹象。重要的是要坚定不移地忠于我们目前的位置，并通过顺服和持续地发展我们的恩赐来成为我们恩赐的良好的管家。随着时间的推移，预言会通过我们的勤奋、顺服，和持续的训练而得以展开。当我们通过考验时，主会为我们提供前进或提升的下一个阶段。

解释、衡量，和判断一个先知启示性的话语需要谨慎和仔细考虑。人们很自然地会想要解释给别人的预言，但除非得到圣灵的指引，否则一定要克制自己这样做。当一个先知启示性话语被给出后，每个人都应该寻求主来获得属于自己的解释、方向，和下一步要采取的行动。每一个先知启示性话语都必须按照 神的话语得到支持、衡量和判断。

评估一句先知启示性话语的标准包括它是否能够建造、安慰和勉励接受它的人。此外，它还必须与 神的应许、原则和公义标准相一致。它是否激发圣洁，并与天父的心意相符？这个先知启示性话语是荣耀耶稣还是释放它的人？这些都是辨别预言时需要考虑的重要问题。

《约翰福音》 16:13-15 只等真理的圣灵来了，他要引导你们明白（原文作"进入"）一切的真理；因为他不是凭自己说的，乃是把他所听见的都说出来，并要把将来的事告诉你们。 14他要荣耀我，因为他要将受于我的告诉你们。 15凡父所有的，都是我的，所以我说，他要将受于我的告诉你们。

《彼得后书》 1:20-21 第一要紧的，该知道经上所有的预言没有可随私意解说的； 21因为预言从来没有出于人意的，乃是人被圣灵感动，说出 神的话来。

《帖撒罗尼迦前书》 5:19-21 不要消灭圣灵的感动。 20不要藐视先知讲论。 21但要凡事察验，善美的要持守，

圣灵是我们的源头，我们必须仰望他来解释所有的预言、异梦，和异象。我们必须在私下里勤奋地寻求主，请求他对我们所接收到的每一个先知启示性话语都给予更多的确认、启示，和理解。我们必须成为勤奋地追求 神、依靠圣灵而行的人民。通过日夜被圣灵引导来思考和行走，我们会更多地发现 神的国度和智慧。

《哥林多前书》 2:10-13 只有 神藉着圣灵向我们显明了，因为圣灵参透万事，就是 神深奥的事也参透了。 11除了在人里头的灵，谁知道人的事？像这样，除了 神的灵，也没有人知道 神的事。 12我们所领受的，并不是世上的灵，乃是从 神来的灵，叫我们能知道 神开恩赐给我们的事。 13并且我们讲说这些事，不是用人智慧所指教的言语，乃是用圣灵所指教的言语，将属灵的话解释属灵的事（或作"将属灵的事讲与属灵的人"）。

在接受先知启示性话语后继续祷告和默想可能会提供一些线索，帮助我们了解 神对每个人的应许的含义和所需的正确步骤。

其他需要问自己的问题

- 每个先知启示性话语是否都结出了神的国和 神的正义的美好果子？阅读《罗马书》 14:17 和《加拉太书》 5:22-23。

- 这个先知启示性话语是否鼓励人们顺服 神？

- 这个先知启示性话语是否带来平安、信心、确认，和自由，以更多地追求 神的旨意？《哥林多后书》 3:17。

- 这个话语是否带来生命？《哥林多后书》3:6。

- 给出话语的人是否承认耶稣是主？你认识那个人吗？那个人的生活方式中是否有公义、正直的历史，以及敬虔原则和标准的证据？

    《约翰一书》4:1-2 亲爱的弟兄啊，一切的灵，你们不可都信，总要试验那些灵是出于 神的不是，因为世上有许多假先知已经出来了。 2凡灵认耶稣基督是成了肉身来的，就是出于 神的，从此你们可以认出神的灵来；

阻碍实现个人话语的因素

- 从一开始就持有不信的态度。有一种"那不是给我的"或者"先知搞错了"的心态或想法。

- 在信仰的考验和试炼中缺乏对主的信任。

- 我们自己的推理。把预言放在抽屉里，等待主的回应，而不采取任何行动。

- 自我形象低下，不相信自己有资格。

- 灵魂因冒犯、害怕失败，和不确定性而被堵塞。"我还没准备好"。

- 缺乏耐心。倾向于比主行动更快或领先于主。跳过一项测试。

- 疏忽、拖延，和懒散。

- 对预言的错误应用和曲解。

- 骄傲。"我不想做那件事或者去那里！""我不够好。"

- 失望和沮丧（大杀手）。

- 不顺服。不会对试炼的季节作出反应。"我想按自己的方式做事。

- 荒芜的心田：世俗的忧虑和享乐扼杀了应许。

- 不愿意参与属灵的争战。

有条件的和无条件的预言

有条件的预言是给予个人的先知启示性应许和宣告，如果我们拒绝参与和顺服，这些应许和宣告可能会被更改、推翻，甚至取消。这些预言取决于我们人类的反应和行为，以及对圣灵提示的顺服。值得注意的是，先知启示性的话语会随着时间的推移而展开，看到它们的实现需要耐心。

尽管个人预言的措辞可能有所不同，但它始终是激发行动和成长的部分启示。有恩膏的先知启示性话语带有一定程度的属灵激活，以使个人能够参与并实现预言中的应许。然而，个人预言始终以接受者的信心和顺服为条件。这意味着预言需要坚定的属灵争战和符合圣经的回应，以积极地行动起来实践预言。

正如《提摩太前书》1:18-19所述，先前有关提摩太的预言赐给他，是要他凭着信心和无亏的良心，打一场美好的仗。有些人拒绝了这些预言，导致他们的信仰遭遇挫折。因此，参与并遵守给予我们的预言至关重要，我们才可以看见它们在我们的生活中实现。神对我们说话，然后我们必须通过做某些事来回应，然后如果我们顺服并按照祂所说的去做，神就会再次说话。

> 《提摩太前书》4:14-16 你不要轻忽所得的恩赐，就是从前藉着预言、在众长老按手的时候赐给你的。15这些事你要殷勤去作，并要在此专心，使众人看出你的长进来。16你要谨慎自己和自己的教训，要在这些事上恒心。因为这样行，又能救自己，又能救听你的人。

预言通过信实和勤勉随着时间的推移而展开

在马太·亨利的注释中，提摩太被要求坚定地继续他的工作。这一要求强调了这样一个事实：福音、恩赐、使命，和责任都托付给了福音的传道人。作为传道人，我们有责任确保福音按照其意图和意义得到正确的应用，并符合其伟大作者的设计。

我们必须明白，福音是 神赋予我们的神圣托付，我们有责任忠实地管理它。我们必须勤奋工作，确保我们正确地应用福音，并履行福音传道人的责任。

所有事工都必须与罪恶、悖逆、懒惰和撒但的恶魔争战。信实的先知、领袖和传道人有责任不顾反对和挫折，勤奋和勇敢地履行自己的责任和/或职务。预言是一种渐进的启示，随着时间的推移，有时甚至是数年的时间，会增加更多的细节和指示。随着这些细节被揭示，主会以创造性的方式慢慢地揭示祂的计划和目的，并随着时间的推移使它们得以实现。人们常说，在实现预言方面，时间是对信心、信任、耐心和顺服的考验。

我们可以把约瑟和他在《创世记》39-41 章中的预言视为一个例子。约瑟能够凭着信心抓住应许，信靠 神，追求正义，经受考验，变得顺服，最终实现他的命运。

此外，值得注意的是，先知启示性的话语和 神的子民经常会受到考验。这是因为要实现预言，需要坚定不移的信心、信任和顺服 神的计划，即使面对阻力和挫折也是如此。

> 《希伯来书》11:7-11 挪亚因着信，既蒙 神指示他未见的事，动了敬畏的心，预备了一只方舟，使他全家得救。因此就定了那世代的罪，自己也承受了那从信而来的义。 8亚伯拉罕因着信，蒙召的时候，就遵命出去，往将来要得为业的地方去，出去的时候，还不知往哪里去。 9他因着信，就在所应许之地作客，好像在异地居住帐棚，与那同蒙一个应许的以撒、雅各一样。 10因为他等候那座有根基的城，就是 神所经营、所建造的。 11因着信，连撒拉自己，虽然过了生育的岁数，还能怀孕，因她以为那应许她的是可信的。

怀疑和不信是先知启示性话语的敌人，因为它们会阻碍先知启示性应许的实现。要看到这些应许的实现，与圣灵合作、有信心、顺服，并与祂的计划达成一致至关重要。

重要的是要明白，先知所说的先知启示性话语会释放服役的天使，这些天使会帮助那些继承 神应许的人。正如《希伯来书》1:14 所写的，"天使岂不都是服役的灵、奉差遣为那将要承受救恩的人效力吗？"

这些服役天使是 神派来为祂的子民服务的，帮助他们实现他们一生中所听到的应许和先知启示性话语。然而，重要的是要记住，合作、信心、顺服，和与圣灵达成一致对于实现这些应许至关重要。

《诗篇》103:20-22 听从他命令、成全他质疑、有大能的天使，都要称颂耶和华。 21你们作他的诸军，作他的仆役，行他所喜悦的，都要称颂耶和华。 22你们一切被他造的，在他治理的各处，都要称颂耶和华。我的心哪，你要称颂耶和华！

接受和实现先知启示性话语需要坚持、合作、耐心，和默想。重要的是要不断寻求主的引导和方向，以看到这些应许得以实现。

然而，不顺服和犯罪可能会阻碍实现应许的进程。认识并解决我们生活中任何不服从或罪恶的领域非常重要，因为它们可能会延迟预言的实现。

要看到先知启示性话语的实现和激活，我们必须一直勤勉地追求 神的旨意，在考验中忠心，顺服 祂的带领，不断默想祂的应许。 通过这样做，我们可以看到先知启示性话语在我们生活中的彰显，并将荣耀归给 神。每一项考验的目的都是为了加强、鼓励和培养上帝的子民，让他们变得更像耶稣。

《雅各书》1:2-8 我的弟兄们，你们落在百般试炼中，都要以为大喜乐； 3因为知道你们的信心经过试验，就生忍耐。 4但忍耐也当成功，使你们成全完备，毫无缺欠。 5你们中间若有缺少智慧的，应当求那厚赐与众人、也不斥责人的 神，主就必赐给他。 6只要凭着信心求，一点不疑惑；因为那疑惑的人，就像海中的波浪，被风吹动翻腾。 7这样的人不要想要从主那里得什么。 8心怀二意的人，在他一切所行的路上都没有定见。

如果我们抱怨，拒绝对我们的领袖问责，反抗 神的权威，并拒绝祂的应许，我们就要承担失去祂的恩惠的风险，并在继承祂对我们的先知启示性应许上制造障碍。这在圣经中的许多经文中都有所体现，包括《民数记》14:1-23、《申命记》 1:35-45，和《希伯来书》 3:7-19。这些经文强调了顺服、信任，和忠诚在领受 神的应许中的重要性。

当我们寻求实现 神对我们人生的意义时，保持谦卑、负责，和顺服 神的旨意至关重要。通过这样做，我们可以消除障碍，并领受祂为我们准备的祝福和应许。

无条件预言的例子。《创世记》 17:6-8 中的亚伯拉罕的预言。

《创世记》9:15-16　"我便记念我与你们和各样有血肉的活物所立的约，水就再不泛滥毁灭一切有血肉的物了。16虹必现在云彩中，我看见，就要记念我与地上各样有血肉的活物所立的永约。"

《马太福音》5:17-18　"莫想我来要废掉律法和先知；我来不是要废掉，乃是要成全。18我实在告诉你们，就是到天地都废去了，律法的一点一画也不能废去，都要成全。"

《启示录》11:15　第七位天使吹号，天上就有大声音说："世上的国成了我主和主基督的国；他要作王，直到永永远远。"

《但以理书》2章中的尼布甲尼撒的梦。

无论如何，无条件的预言都会发生，因为这些预言是 神对人类整体计划的一部分。

《以西结书》12:25　我耶和华说话，所说的必定成就，不再耽延。你们这悖逆之家，我所说的话，必趁你们在世的日子成就。这是主耶和华说的。"

预言可能被推迟

就像希西家和犹大的情况一样，预言可能会因人类的行为和不顺服而被推迟，甚至取消。例如，在《历代志下》32:24-26 中，希西家心里骄傲， 神的忿怒要临到他和犹大。然而，希西家和耶路撒冷的居民谦卑自己，在他统治期间，耶和华的忿怒没有临到他们。

在《历代志下》36:17-21 中，耶路撒冷最终被攻占并被焚烧，在经历了七十年的荒凉之后， 神的忿怒终于倾泻在犹大和耶路撒冷。

尽管大多数指向末日的预言已经应验，但值得注意的是，无条件的预言是不可撤销的，因为它们指的是 神根据祂的终极权力、旨意，和时间表对人类的具体计划。 然而，至关重要的是，我们要继续顺服 神并谦卑自己，接受祂的祝福、培训，和门徒训练，以实现祂在我们生命中的旨意。凭信心生活，并管理祂托付给我们的恩赐和责任是 神呼召我们要做的事。

预言的恩赐旨在鼓励、启发和安慰那些需要重新认识 神在他们生命中坚定不移的存在的人。 通过预言，我们可以更深入地了解天父的思想和内心，从而使我们与祂神圣的旨意和计划保持一致。 此外，预言有能力通过天使的帮助来催化属灵领域的运动，同时也建立适当的秩序在自然领域实现激活。通过将我们提升到新的高度，预言为我们提供了更广阔的视角，让我们从主的角度看待事件，并瞥见尚未揭示的未来应许。

> 《以弗所书》2:6-7 他又叫我们与基督耶稣一同复活，一同坐在天上，7要将他极丰富的恩典，就是他在基督耶稣里向我们所施的恩慈，显明给后来的世代看。

> 《以弗所书》1:3 但愿颂赞归与我们主耶稣基督的父 神，他在基督里曾赐给我们天上各样属灵的福气。

第六章

先知的职分和外衣

那些被呼召担任事工职分的人身穿属灵的外衣，无论他们被呼召和委任去往何处，这外衣都可以帮助他们实现 神的旨意。此外，耶稣还赐予他们特殊的恩赐和恩膏，使他们能够履行各自的职责。这些传道人通过长期建立的信实和忠诚的关系，得到其他事工领袖和长老的认可。这些外衣是权柄、恩赐和恩膏的制服，使传道人能够履行他们的使命，即"装备圣徒，从事传道工作"。

这些外衣的外观各不相同，但我常常看到它们是浅色的长袍，有多层相互叠加在一起。它们似乎是为了特定的职责和工作而穿的属灵服装，增强个人的使命感，使他们能够执行 神的旨意。

> 《以赛亚书》61:10 我因耶和华大大欢喜，我的心靠 神快乐。因他以拯救为衣给我穿上，以公义为袍给我披上。好像新郎戴上华冠，又像新妇佩戴妆饰。

以利亚和以利沙所穿的外衣拥有能力和权柄，可以为 神做出伟大的壮举。下面经文中的"外衣(MANTLE)"一词（来自《史特朗经文汇编》）的意思是H117强大的、巨大的、荣耀的。H155是服装、荣耀和长袍。H142扩展，即变得伟大或（象征性地）宏伟：-（变得）荣耀的，高贵的。

《列王纪下》 2:12-14 以利沙看见，就呼叫说："我父啊！我父啊！以色列的战车马兵啊！"以后不再见他了。于是以利沙把自己的衣服撕为两片。 13他拾起以利亚身上掉下来的外衣，回去站在约旦河边。14他用以利亚身上掉下来的外衣打水，说："耶和华，以利亚的 神在哪里呢？"打水之后，水也左右分开，以利沙就过来了。

先知的外衣

外衣或长袍是赐予那些被召唤到特定事工职分的信实可靠的仆人的。然而，焦点不应该放在头衔或外衣上，它们只反映领袖的职能和位置，而不是他的身份。我们的身份只能在耶稣基督里找到。要警惕那些自我吹捧并要求认可其头衔、职务或外衣的领袖。每件外衣都代表着一个人被召唤到的服侍中的特定任务、使命和命定。当我们理解并履行我们的任务时，我们就会实现我们的目标和命定。通过顺服培训和发展的过程， 神为我们打开大门，让我们继承祂的供应和应许，并在之前的基础上进一步发展。在《列王纪下》 2：8-15 中，我们通过以利亚的外衣见证了非凡的神迹、展示，以及能力和权柄的象征性表现。 这件外衣是一种恩膏和徽章，象征着上帝赋予他的神圣使命和先知职分。

先知职分

先知职分超越了预言恩赐的基本功能。它是一种权柄地位，为属灵领域的争战带来额外的超自然洞察力和理解力。这种超自然的洞察力可能包括洞察属灵领域和识别人们生活中的坚固营垒，或识别邪恶的门户和祭坛的能力，例如手相师、脱衣舞俱乐部、卖淫和毒品交易场所等。使徒和先知职分的恩膏将更多地反映出导师的心和热情，你将经历到更多的异象，看到神在你的影响范围及更广阔的地方建立区域性的委任。使徒和先知职分还将展示出一种先驱性的或开拓性的愿望来建立学校、培训中心和其它 神想要建立的相关事工。

随着你的属灵成熟度、可信度和忠诚度不断增长，主将赋予你更大的属灵权柄、洞察力、责任，和恩膏，以执行 神的任务和旨意。无论你被呼召去服侍的具体热情、负担和领域是什么，都会表明并突显你生命中的任务、使命和命定。随着你不断成长并深入研究 神的话语，更好地理解祂对你生命的旨意和委任，你会发现祂对你的期望更高。

耶稣在《路加福音》12:48中说："因为多给谁，就向谁多取；多托谁，就向谁多要。"

外衣也可以从一个人传给另一个人，正如以利亚将他的外衣搭在他指定的继承人以利沙身上的例子。在《列王纪上》19:19 中，以利亚经过以利沙身边，当时以利沙正在赶着十二对牛耕地，以利亚把自己的外衣搭在以利沙身上，作为他被呼召担任先知职分的标志。

《列王记上》19:19　于是，以利亚离开那里走了，遇见沙法的儿子以利沙耕地，在他前头有十二对牛，自己赶着十二对。以利亚到他那里去，将自己的外衣搭在他身上。

神所任命担任先知职分的先知被鼓励顺服当地教会或事工的领袖，接受监督、培养，和牧养人的训练。他们还被鼓励去找一个可以作为团队成员发挥作用的教会，并通过在教会领导结构的框架内工作来服侍。先知不应该管理教会领导层或制定政策，因为那是牧师和长老的职责；相反，他们应该服侍并分享 神所说的话来代祷并保持警惕，就像保护羊群的守望者一样。他们需要进行属灵争战，根除错误的教义，帮助创建和建立 神的国度，并安慰、劝勉和鼓励人们。正如《彼得前书》5:5 所说，国度先知应该本着仁爱、谦卑和服侍的动机和立场行事。

《彼得前书》5:5-6　你们年幼的，也要顺服年长的。就是你们众人也都要以谦卑束腰，彼此顺服，因为　神阻挡骄傲的人，赐恩给谦卑的人。6所以你们要自卑，服在 神大能的手下，到了时候，他必叫你们升高。

装备圣徒的外衣和服侍工作

以下例子简要描述了《以弗所书》第 4 章概述的每项事工职能。使徒和牧师拥有 神赋予他们的独特的个人外衣和委任，承载着在他们被派往的指定地区建立教会的使命所必需的恩膏、异象和热情。他们类似于开拓者和创新者，受 神任命来执行祂的神圣工作。作为"被派遣的人"，使徒们拥有恩膏来创立新的教育机构、创建教会，和与其他志同道合的事工合作。他们的最终愿望是推进 神的国度并培养祂的子民走向成熟。

国度先知渴望聆听主的心意、声音和语气，以便知道 神在说什么、在做什么。通过分辨、倾听和观察 神可能向某个特定地区启示的任何事情，他们往往对某个地区的属灵需求有独特的理解。 真正的先知被膏抹来代祷，他们是守望者，带着看护、保守和捍卫教会的目标。 有些先知也有恩膏和渴望成为开拓者和先驱。 当先知与使徒一起接受训练和指导时，如果主许可，而且这个先知是受主委任的，使徒的恩膏就可能被加添在这个先知身上。

教师有恩膏从经文中提取宝藏，并领受经文里的神圣启示，以便他们可以教导并向听众传授属灵的饥渴。

传福音的人有恩膏以热情、力量和信念传播福音。

牧师有恩膏来教导、传道、带领、培育、保护和辅导基督的身体。

当所有五重职事的恩赐都团结一致地发挥作用时，教会（或信徒团体）就会成熟，门徒就会成长，神的国度就会前进。

> 《以弗所书》4:11-16 他所赐的有使徒，有先知，有传福音的，有牧师和教师。 12为要成全圣徒，各尽其职，建立基督的身体， 13直等到我们众人在真道上同归于一，认识 神的儿子，得以长大成人，满有基督长成的身量。 14使我们不再作小孩子，中了人的诡计和欺骗的法术，被一切异教之风摇动，飘来飘去，就随从各样的异端。 15惟用爱心说诚实话，凡事长进，连于元首基督。 16全身都靠他联络得合式，百节各按各职，照着各体的功用彼此相助，便叫身体渐渐增长，在爱中建立自己。

这些人是圣徒的建造者、门徒制造者和装备者。教会领袖和长老拥有额外的恩赐和能力来加强基督的身体，并维护圣经中的真理和圣经教义。这些人有强烈的渴望来服侍和带领 神的子民，表现出普通信徒中不常见的奉献精神。带着装备、训练和释放圣徒的目标，他们寻求 神的智慧、知识和理解力。 以下列出了他们将拥有的五重职事的一些恩赐和才能，使他们能够以更好的方式来服侍基督的身体：

1. 他们通过坚持圣经中的教义来呈现和维护基本真理（《哥林多前书》12:28、《以弗所书》2:20-22、《以弗所书》3:1-12）。

2. 他们开发教育和培训材料来装备圣徒开展事工（《以弗所书》 4:12-13）。 在这个上下文里，"完美"一词的意思是"完全装备"。

3. 他们膏抹其他先知，认可并鼓励其他人的先知启示性恩赐（《撒母耳记上》10:1-13，《列王记上》19:19）。

4. 他们认可领袖，并将领袖安排到事工团体中，他们还指派和按立长老（《以弗所书》4:11-13，《使徒行传》14:23，《使徒行传》13:1-3，《提多书》1:5）。

5. 他们为他们所监管的领域的未来发展撰写、制定和实施使命和异象声明（《箴言》 29:18，《使徒行传》 2:42-47）。

6. 他们传道和教导时带着权柄、信念、信心和恩膏（《使徒行传》1:8，《使徒行传》15:35，《使徒行传》19:11-12，《罗马书》15:9；包括《提摩太前书》5:17中的长老）。

7. 他们同时在多种恩赐中行使职责和流动（《使徒行传》6:8，《使徒行传》28:31，《哥林多后书》12:12，《加拉太书》3:5，《希伯来书》2:4）。

8. 他们协助建立和监管其他教会和家庭教会（《使徒行传》2:46，《使徒行传》15:41，《使徒行传》16:4-5，《使徒行传》20:20；挨家挨户地教导）。

9. 他们建立学校并协调活动来培训、装备，和释放教会进入领导层和事工（《使徒行传》19:1-10，在以弗所的推喇奴学房度过两年；《使徒行传》11:19-26，在安提阿教会度过一年；《使徒行传》28:16-31，在罗马度过两年来教导和培训圣徒）。

10. 他们展现出天父真诚的心，成为他们所关心的人的导师、父亲和母亲。《玛拉基书》4:5-6"看哪，耶和华大而可畏之日未到以前，我必差遣先知以利亚到你们那里去。他必使父亲的心转向儿女，儿女的心转向父亲，免得我来咒诅遍地。"

先知的设立是为了传达 神的旨意

- 先知撰写了《旧约》。

- 先知曾 300 次预言弥赛亚的到来。《以赛亚书》9:6-7 因有一婴孩为我们而生，有一子赐给我们，政权必担在他的肩头上。他名称为奇妙、策士、全能的 神、永在的父、和平的君。7 他的政权与平安必加增无穷，他必在大卫的宝座上治理他的国，以公平公义使国坚定稳固，从今直到永远。万军之耶和华的热心必成就这事。

- 先知被告知 神的秘密。《阿摩司书》3:7 主耶和华若不将奥秘指示他的仆人众先知，就一无所行。

- 每个信徒都有权知道和听到 神隐藏的秘密和奥秘。《但以理书》2:22 他显明深奥隐秘的事；知道暗中所有的，光明也与他同居。

- 《歌罗西书》1:26 这道理就是历世历代所隐藏的奥秘，但如今向他的圣徒显明了。

- 使徒、先知、传福音的、牧师和教师都知道并寻求耶稣的奥秘，他们渴望教导和装备他人有关信仰、真理和公义的教义。《以弗所书》3:3-5 用启示使我知道福音的奥秘，正如我以前略略写过的。4 你们念了，就能晓得我深知基督的奥秘，5 这奥秘在以前的世代没有叫人知道，像如今藉着圣灵启示他的圣使徒和先知一样。

- 先知协助使徒建立新约教会结构和耶稣基督的根基。参见《以弗所书》2:20。长老管理当地教会的事务。《彼得前书》5:1-4。《使徒行传》15:12-17中保罗和巴拿巴建立教会。《使徒行传》15:39-41中的马可、巴拿巴、保罗和西拉。

- 《提摩太前书》5:17 那善于管理教会的长老，当以为配受加倍的敬奉。那劳苦传道教导人的，更当如此。

- 《以弗所书》2:20-21 并且被建造在使徒和先知的根基上，有基督耶稣自己为房角石，21 各（或作"全"）房靠他联络得合式，渐渐成为主的圣殿。

- 先知说话是为了预备主的道路，并深切关心恢复关系。参见《以赛亚书》40:3，《马可福音》1:1-8。《玛拉基书》4:5-6看哪，耶和华大而可畏之日未到以前，我必差遣先知以利亚到你们那里去。6他必使父亲的心转向儿女，儿女的心转向父亲，免得我来咒诅遍地。

- 先知预备教会成为基督的新妇，并宣讲 神国度的复兴和祂的荣耀。《使徒行传》3:21 天必留他，等到万物复兴的时候，就是 神从创世以来，藉着圣先知的口所说的。

- 先知通常是先见，会收到异梦和异象。他们也可能有能力和恩膏来解释异梦、异象，和他们在灵界所看到的东西。《民数记》12:6 耶和华说："你们且听我的话：你们中间若有先知，我耶和华必在异象中向他显现，在梦中与他说话。"《撒母耳记上》9:9（从前以色列中，若有人去问 神，就说我们问先见去吧！现在称为先知的，从前称为先见。）

纠正性和指引性预言

先知常常能够洞察隐藏的议程、错误的动机，和阻碍圣徒进步的方法。那些被任命并担任先知职分的人会知道如何有效地管理每一句纠正性的话语。具有国度意识的先知对教会有国度性的视角，他们认识到对教会的错误看法会伤害人们并对教会造成损害。当一位先知总是带着审判说出纠正的话时，这可能会暴露出隐藏的看法、自私的动机和错误的方法。

纠正性的话语不建议新手使用，因为这些话语可能会给个人或教会带来严重的痛苦、冒犯、尴尬和困惑。年轻的和不成熟的先知常常认为他们是神赐给基督身体的矫正礼物，寻找错误和方法来使人们处于谴责、统治、控制和操纵之下。然而，这样的先知可能会从冒犯、受伤、发展不完全的倾向的位置错误地预言，甚至没有意识到这一点。因此，今天的教会需要建立关系、培训和释放。

当纠正的启示来自 神时，它总是意味着首先为那个人和那个情况祷告和代祷。耶稣是教会的元首，祂会以正确的方式引导祂的子民。神知道每个团契需要什么，所以先知在向领袖讲话之前必须留出时间等待圣灵。神仍然可能要求先知在适当的时候带来纠正的话。当 神纠正祂的子民时，审判可能会来临，然后祂会像一位慈爱的父亲一样建造、鼓励、造就和安慰他们。 神管教祂所爱的人，但这大多是私下里个别地进行的。

我们发现，我们处在一个明显缺乏对主的敬畏的时代。 然而，神的子民中仍然有一群忠心的余民，他们带着明显的敬畏之心。他们怀着深深的敬畏和惊奇来到 神面前，充分认识到 神难以抗拒的、无所不能的力量。

> 《箴言》3:11-12　提醒我们"不可轻看耶和华的管教，也不可厌烦他的责备。因为耶和华所爱的，他必责备，正如父亲责备所喜爱的儿子。"

提倡改正的预言应当始终以尊重、尊严、怜悯、仁慈和恩典的态度来处理。成熟是先决条件，留出时间在祷告中吸收预言的话语也是必不可少的。寻求敬虔的忠告和智慧的建议是值得推荐的，遵循圣经中的恢复模式是通往完全的正确方法。

> 《箴言》9:7-9 "指斥亵慢人的必受辱骂，责备恶人的必被玷污。8 不要责备亵慢人，恐怕他恨你；要责备智慧人，他就爱你。9 教导智慧人，他就越发有智慧；指示义人，他就增长学问。"

> 《雅各书》5:19-20 我的弟兄们，你们中间若有失迷真道的，有人使他回转。 20这人该知道叫一个罪人从迷路上转回，便是救一个灵魂不死，并且遮盖许多的罪。

记录和写下建议团体或个人改变方向的预言很重要，因为这样可以留出时间仔细考虑、祷告和确认。在做出任何决定之前，必须给人们和领袖空间和时间寻求主的确信和分辨。一旦收到确认，就必须按照圣灵的指示，凭信心和顺服行事。相信 神的应许会随着时间的推移而实现是关键。注意你生活中的迹象、线索和不寻常的事件，并留意你周围发生的所有国度活动。

《列王纪下》 5:10-14 中的乃缦的故事说明了顺服先知指示的重要性。起初，乃缦很生气，拒绝听从以利沙的指示。然而，在他的仆人提醒他先知的权柄，并鼓励他遵循给他的话语之后，乃缦最终顺服了，并得到了医治。

关于时间、等候和沉默的纠正性和指导性话语

先知有时会在适当的时间、等候和保持沉默方面受到 神的评估。预言和受默示的话语可能突然给出，可能稍后给出，也可能永远不与人分享。主可能会提示等待一段时间，然后设定释放的指定时间。先知应该等候，将话语交在主手中，等待提示来传达话语。如果主保持沉默，也没有给予提示或确认，那就意味着"不"。

有时，先知们被要求保持沉默，永远不要分享某个话语，因为这些信息只是提供给他们来用于祷告和代祷。神正在寻找那些值得信赖的人，可以信任他们，向他们透露有关他人的个人敏感信息。圣灵渴望对话和交谈，因为关系、保护他人的尊严和主的时间对于防止伤害和使他人难堪都是至关重要的。先知们应该意识到，他们并不总是被允许立即预言。很多时候，先知们会毫不犹豫地预言，没有与圣灵先核实就释放话语。即使是来自主的好的话语，在错误的时间给出也是不合时宜的话语。等候 神的时机释放或不释放话语是对耐心的考验。先知们必须信任并请求圣灵释放更多的确认，并等待更多的信息随着时间的推移而显现。

管理纠正性和方向性预言的应用

在处理纠正性和方向性预言时，可以采取一些实际步骤来确保以最佳的方式接收预言和采取相应的行动。以下是一些需要考虑的指导原则：

- 从祷告开始，并寻求建议。在分享话语之前可能需要等待一段时间，以确保个人和/或情况得到祷告，并准备好接受这个话语。

- 祷告接受话语的人能用心来领受这个话语，也祷告传递话语的人能准确地代表主的声音、语调和心意。

- 一旦圣灵允许继续，就将话语分享给你信任的人，例如导师、使徒、先知牧者，或牧师，让他们为你负责。这些领袖可以审查、判断和权衡这个话语，并为其祷告，以获得更多的启示和见解。

- 以谦卑、尊重和非权威的风格接近领导层。如果话语是正确的，并且全心全意地祷告，主会以祂所愿的方式传递信息，并产生所期望的影响。

- 考虑在传达话语的过程中有一个你信任的人或一位先知牧者陪同。这表示支持，并可以增加更多的确认。

- 确保先知启示性的话语充满爱和恩典，而不是控制或操纵。

- 如果预言涉及需要纠正的罪，请仔细遵循《马太福音》18:15-17和《加拉太书》6:1-2的指导原则。

- 模糊或不完全的话语需要更多的祷告时间。请求圣灵提供更多的启示和清晰度。

- 考虑预言的时机。这是现在的预言吗？是要私下传达的预言吗？还是要稍后传达的预言？先知常常会被主检验，以测试他们的耐心和忍耐。

- 建议录音或书写预言内容，这对先知和接受预言的人都有益处。记录预言可以创建记录和提醒，以提醒人们默想预言和祷告，帮助人们在不活跃的季节中坚持不懈，继续朝着目标努力。

- 愿意在主吩咐保持沉默时，保持沉默，不分享。这是对信任的考验，沉默可能意味着更为微妙或更严重的性质，需要进行属灵争战。

- 先知必须愿意传达来自 神的严厉信息，并接受随之而来的谴责。逼迫、误解和拒绝预言是先知性事工的典型特征。这是对顺服、谦卑和品格的考验。

- 等待确认的绿灯和内在圣灵的见证。圣灵从不着急，祂知道如何影响我们。祂是有创造力和表现力的。

先知性启示

先知性的启示是一种强大的恩赐，使接受者能够更深入地理解圣经并发现隐藏的真理，如比喻等。圣灵使用这份恩赐，鼓励接受者自己去寻求主。这种启示在先知的灵里产生，通过思想、感动和异象显明出来，增添了 神所要传达的内容。圣灵等待着我们去寻求祂，以获取智慧和知识的隐藏宝藏，并阐明祂对他人的旨意。神常常照亮人心中的问题，带来自由、释放，并指引前行的道路，使人得以获得祂的应许。

正如《哥林多前书》4:5 提醒我们的，我们不应在时候未到之前论断任何事，因为主将照出暗中的隐情，并显明人心的意念。最终，是 神来为每个人提供赞美的。

> 《歌罗西书》2:2-3 要叫他们的心得安慰，因爱心互相联络，以致丰丰足足在悟性中有充足的信心，使他们真知 神的奥秘，就是基督，3所积蓄的一切的智慧知识，都在他里面藏着。

> 《以弗所书》3:2-6 谅必你们曾听见 神赐恩给我，将关切你们的职分托付我，3用启示使我知道福音的奥秘，正如我以前略略写过的。4你们念了，就能晓得我深知基督的奥秘，5这奥秘在以前的世代没有叫人知道，像如今藉着圣灵启示他的圣使徒和先知一样。6这奥秘就是外邦人在基督耶稣里，藉着福音，得以同为后嗣，同为一体，同蒙应许。

传递有关恩赐、恩典和福音的先知性话语

那些被 神所拣选担任先知职分的人，也有一份传递的使命或外衣，来分赐和释放 神的应许，激励人们踏入他们的呼召。传递并非是一次性的事件；它们经常发生，以教导、装备、加强、鼓励、点燃和引导基督的身体来履行她的使命和命定。神选择使用祂所委任的领袖来传递恩赐和恩典，帮助教会向前迈进。随着时间的推移，圣灵将赐予更多的恩膏来履行每一个任务和使命，事工职分的使命可以从一个团体或地区扩展到另一个。以下这些例子强调了一个职位和职能的呼召：

- 为完成 神的委托和使命而赋予的职位与安置的恩膏。

- 充满无私的爱，并具备传道、门徒训练和指导的恩赐和能力。

- 具备特别的能力去养育和照顾 神所托付的那些人。

- 以热情顺服 神的旨意，并额外的恩典和恩惠来影响个人、团体和文化。

- 神会赋予你以热情和信心获取和保守"应许之地"的能力。

- 圣灵也将赐予能力和权柄来配合 神的国度计划，使个人走在胜利的道路中，并实现命定。

- 赋予识别并自信地行使属灵权柄的能力，同时结合明智的智慧和策略，与代祷者协调，以击败黑暗和邪恶的属灵势力。

  建立志同道合的基督徒网络，在影响力范围内界定和保护属灵门户和国度祭坛。

  《罗马书》1:11　因为我切切地想见你们，要把些属灵的恩赐分给你们，使你们得以坚固。

  《帖撒罗尼迦前书》2:8　我们既是这样爱你们，不但愿意将 神的福音传给你们，连自己的性命也愿意给你们，因你们是我们所疼爱的。

  《马太福音》28:19-20　所以，你们要去，使万民作我的门徒，奉父、子、圣灵的名给他们施洗（或作"给他们施洗，归于父、子、圣灵的名"）。　20凡我所吩咐你们的，都教训他们遵守，我就常与你们同在，直到世界的末了。阿们。

当一个预言在 神的启示下被说出来时，它可以立即带来恩膏，以传递、激活和点燃恩赐与呼召。这种传递可以迅速发生，特别是当听者接受并与先知启示性的话语产生共鸣时。一旦这些话语被记录下来，每个人都必须评估、祷告，并寻求 神的下一步指示，然后按照祂的话语行事。

先知性话语的传递可以释放行动的信心，对应许的渴望，以及愿意坚持到底的决心。然而，获得这些恩赐需要信心和顺服。正如《提摩太后书》1:6所述："为此我提醒你，使你将 神藉我按手所给你的恩赐，再如火挑旺起来。"

  《提摩太前书》4:14-15　你不要轻忽所得的恩赐，就是从前藉着预言、在众长老按手的时候赐给你的。15 这些事你要殷勤去作，并要在此专心，使众人看出你的长进来。

传递涉及一个过程，这个过程可以以不同的方式发生。有时，传递会先发生，然后是过程；其他时候，过程先开始，然后传递跟随其后。最好的教导、训练和赋能方式只有主知道，我们必须信靠祂是我们信心的创始成终者。正如《希伯来书》12:1-2所提醒我们的的，我们应当放下所有重担和罪，仰望耶稣，存心忍耐，奔那摆在我们前头的路程。

如果传递不是立即发生的，那么它将通过降服、成熟、顺服和时间来实现。主带领我们经历的过程是为了塑造品格，使我们能够管理事工。主更关心的是塑造我们的秉性和品格，使我们像祂一样。在这个过程中，信实是必需的。此外，我们被托付所管理的果实将显明我们所领受的传递和恩膏。

国度的先知性事奉者总是在寻找机会，向圣灵引导他们接触的人分享耶稣基督的爱。他们时刻留意周围的环境，以及灵界和自然界中发生的事件，并在被呼召时采取行动。当今的国度性先知知道自己在基督里的身份，也明白神正在塑造他们成为怎样的人。他们不追求平台、地位、头衔或认可，因为他们不渴求保障、称赞或职位。相反，他们只渴望取悦、荣耀并顺服主，并用他们的先知性恩赐来提升和祝福他人。他们是勇敢的属灵战士，为美好的战役而战，并将一切荣耀归给主。他们是开拓者和远见者，怀着天父的心，成为灵界与社区的桥梁建设者、事工支持者，和以国度为中心的人。

无论他们的职位如何，所有的先知都必须保持正确的态度，过公义的生活，保持受教的心，拥有谦卑的灵，并热爱他人。约瑟和保罗都对 神的永恒计划有独特的视角和全局观，他们从未失去对主起初与他们沟通过的有关他们生命的计划的信心。约瑟相信，发生在他身上的一切都是 神预定的，他相信 神正在掌管他生命中的一切事务。正如《创世记》45:5-8和50:18-21所示，他很快原谅了那些曾经利用和伤害他的人。

作为信徒，我们必须按照圣灵行事，而不是随着肉体，正如《罗马书》8:1-6、《帖撒罗尼迦前书》4:1-7和《彼得前书》1:13-19所强调的那样。我们必须努力过公义和圣洁的生活方式，时刻注意我们的思想、行为和言语。我们应该寻求保持受教的心和谦卑的灵，知道 神抵挡骄傲的人，却赐恩给谦卑的人。最重要的是，我们必须爱人，甚至包括我们的敌人，并原谅那些曾经伤害过我们的人。

《罗马书》8:14教导我们，凡被 神的灵引导的，都 是神的儿子。因此，作为信徒，我们必须在生活的各个方面寻求圣灵的引导。我们应当努力过一种彰显圣灵果子的生活，其特征是良善、公义和真理，正如《以弗所书》5:9-10和《加拉太书》5:22-23所强调的那样。我们还必须寻求分辨什么是主所喜悦的。

>《罗马书》8:14 因为凡被 神的灵引导的，都是 神的儿子。

>《以弗所书》5:9-10 光明所结的果子就是一切良善、公义、诚实。 10 总要察验何为主所喜悦的事。

《歌罗西书》3:2鼓励我们要思念上面的事，不要思念地上的事。这意味着我们应该把注意力集中在 神的事物和永恒的视角上，而不是这个世界暂时和短暂的事物上。正如《腓立比书》4:8所说的那样，我们应该思想那些真实的、可敬的、公义的、清洁的、可爱的，和有美名的事。我们应当努力培养一个与 神的旨意和计划相一致的思维方式，这将使我们能够经历祂的平安和喜乐。

>《歌罗西书》3:2 你们要思念上面的事，不要思念地上的事。

>《腓立比书》4:8 弟兄们，我还有未尽的话：凡是真实的、可敬的、公义的、清洁的、可爱的、有美名的，若有什么德行，若有什么称赞，这些事你们都要思念。

被呼召担任职分的国度先知、领袖和传道人必须对圣灵怀有深切的渴望和开放的心态，允许祂在他们的生命中培养和发展积极的态度和敬虔的原则。真正的先知性的灵和品格将以谦卑、代祷、鼓励、宽恕、仁慈、复兴、释放以及对基督身体的服侍为特征。

在《彼得后书》1:5-8中，我们被提醒要殷勤地在信心上加上美德、知识、节制、忍耐、敬虔、爱弟兄的心和爱心。如果我们在生活中培养并表现出这些品德，我们将结出丰盛的果子，并在对主耶稣基督的认识上卓有成效。

《彼得后书》1:5-8 正因这缘故，你们要分外地殷勤。有了信心，又要加上德行；有了德行，又要加上知识； 6有了知识，又要加上节制；有了节制，又要加上忍耐；有了忍耐，又要加上虔敬； 7有了虔敬，又要加上爱弟兄的心；有了爱弟兄的心，又要加上爱众人的心。 8你们若充充足足地有这几样，就必使你们在认识我们的主耶稣基督上不至于闲懒不结果子了。

第七章

当 神沉默时

每个人都会不时地经历 神沉默的时期。这是 神策略中的一个不可避免的部分，旨在使我们更靠近祂，有时也是为了引起我们的注意。当 神引领我们进入旷野时，祂的意图可能并不明显，但我们必须完全信靠祂，凭着信心前行，知道"祂"的神圣旨意最终会显明。 神的沉默的考验是任何人都可能经历的最具挑战性的季节之一，尤其是对于先知而言。然而，如果我们保持坚定、顺服，继续信靠并相信这些经历会在我们的生命中结出 神的公义，我们就可以确信 神会引导我们穿越旷野。

> 《申命记》 8:2-3 你也要记念耶和华你的 神在旷野引导你这四十年，是要苦炼你、试验你，要知道你心内如何，肯守他的诫命不肯。 3他苦炼你，任你饥饿，将你和你列祖所不认识的吗哪赐给你吃，使你知道人活着不是单靠食物，乃是靠耶和华口里所出的一切话。

当我们谦卑自己并首先寻求 神时，祂应许会满足我们的需要。因此，我们可以相信祂的沉默是有目的和意义的。常常，在生活的干扰和诱惑中，我们会迷失方向。在这些时刻，神的沉默呼唤我们专注于祂和祂的国度原则，无论我们面临什么样的环境。这些原则旨在铭刻并印记在我们的心灵和思想中，使我们作为 神的子民，能够向那些祂想要拯救的人展示祂的良善和仁慈。

《彼得后书》 1:5-11 正因这缘故，你们要分外地殷勤。有了信心，又要加上德行；有了德行，又要加上知识； 6有了知识，又要加上节制；有了节制，又要加上忍耐；有了忍耐，又要加上虔诚； 7有了虔诚，又要加上爱弟兄的心；有了爱弟兄的心，又要加上爱众人的心。 8你们若充充足足地有这几样，就必使你们在认识我们的主耶稣基督上不至于闲懒不结果子了。 9人若没有这几样，就是眼瞎，只看见近处的，忘了他旧日的罪已经得了洁净。 10所以弟兄们，应当更加殷勤，使你们所蒙的恩召和拣选坚定不移。你们若行这几样，就永不失脚。 11这样，必叫你们丰丰富富地得以进入我们主救主耶稣基督永远的国。

神的沉默可能表示我们生活中的某些方面与祂的旨意不符，或者我们的优先事项发生了变化。在这种情况下，回顾过去的先知性话语可以为我们旅程的下一个阶段提供线索。每一步和每一个阶段都是为了使我们预备成为基督的使者和发言人。个人的先知性话语应该浸泡在祷告中，并定期回顾，我们必须愿意为信仰打美好的仗，并顺服 神所说的话。

我们的日常生活中充满了干扰，它们会使我们难以听到 神那细微的声音。为了听到祂的声音，我们必须有一个坚定的心，拒绝所有的干扰和障碍，清理我们的思绪和日程。当我们的生活非常忙碌时，听到耳语或温柔的提醒是很困难的。 神常常呼召我们在祂的应许和供应中安息，按照祂的时间表等候。我们可能会面临急于前进或拖延履行已领受预言的诱惑，这会考验我们的耐心和信心。 神呼召我们从拼搏中安息，认识到我们在祂里面是谁，以及祂正在塑造我们成为谁。 神的过程很少是快速的；祂决心培养和修剪我们，使我们能够为祂的荣耀和尊荣管理我们的恩赐和呼召。

先知们将经历沉默的季节，以培养在 神的应许中行走时的信实、顺服和决心。沉默的目的在于考验和修剪，以便好果子能够在我们生命中成长，结出公义的果实。我们所结的果实和分发的果实总是在被评估和精炼，以显明我们的内心、动机和信仰体系。修剪的过程可能感觉像是一个 神远离甚至沉默的季节，但我们必须时刻准备好在合适的时候和任何时候讲述祂的话语（《提摩太后书》4:2）。

《诗篇》 1:2-3 惟喜爱耶和华的律法，昼夜思想，这人便为有福。 3他要像一棵树栽在溪水旁，按时候结果子，叶子也不枯干，凡他所作的尽都顺利。

> 《约翰福音》 15:1-2"我是真葡萄树，我父是栽培的人。2凡属我不结果子的枝子，他就剪去；凡结果子的，他就修理干净，使枝子结果子更多。"

圣经中充满了 神沉默的故事。我们可以在《创世记》7:10 中看到诺亚在 神关上方舟的门之后等待了七天的记载。约伯也在许多试炼中经历了沉默，包括迫害、监禁和困苦。亚伯拉罕在准备将以撒献在祭坛上的时候，也面临了 神的沉默。此外，约瑟在监狱中的时候，没有任何关于 神对他说话的记载，施洗约翰被斩首前也没有 神的言语。在沉默的时刻，保持信实和顺服可能会很困难，但所有这些人都信靠 神，尽管他们经历了孤独和苦难，却依然继续服侍祂。

神的沉默可以成为更深层次属灵成长的催化剂，以下是五个策略来帮助我们拥抱这些沉默的时期：

1. **有意地信靠并寻求 神的同在。** 神的沉默可以在我们内心中激发出对祂更深的渴望。正如耶稣在《马太福音》5:6中所说，"饥渴慕义的人有福了，因为他们必得饱足。"我们也可以效仿大卫在《诗篇》51:10-12中的祷告，他祈求一个清洁的心、坚定的灵，和恢复救恩的喜乐。

2. **反思 神先前所说过的话。**在沉默期间，我们可以回顾并默想过去的先知性话语，以鼓励和增强我们的信心。《希伯来书》11:1-2提醒我们，信就是所望之事的实底，是未见之事的确据。我们也可以遵循保罗在《提摩太前书》1:18中对提摩太的吩咐，照着从前指着他的预言打美好的仗。

3. **默想 神的话语。**利用安静的时间来学习和默想 神的话语可以给我们的心灵带来平安和更新。《箴言》3:5-6建议我们专心仰赖耶和华，在一切所行的事上都要认定祂，《诗篇》119:105提醒我们，神的话是我们脚前的灯，我们的路上的光。

4. **信靠 神的保障。**在知道 神永远不会离开我们或撇下我们的知识中，我们可以找到安息。《以赛亚书》41:10向我们保证："你不要害怕，因为我与你同在；不要惊惶，因为我是你的 神。我必坚固你，我必帮助你，我必用我的公义的右手扶持你。"正如《诗篇》84:5 所描述的，当我们下定决心踏上朝圣之旅时，我们也可以在主里找到力量。

5. <u>**敬拜并感谢祂**。无论我们的境况如何，我们都可以选择敬拜和赞美 神。敬拜可以推动我们与耶稣建立更深的亲密关系，在那里我们可以找到平安和恢复。当我们在祂面前谦卑自己时，祂会将我们提升到更高的发现之地。</u>我们可以在从《诗篇》29:1-11、《诗篇》95:6-7、《诗篇》100:2-5和《歌罗西书》3:14-16等经文中找到敬拜的灵感。

通过在沉默时期采用这些策略，我们可以在与 神的关系中成长，并在祂的同在中找到希望和安慰。为了保持正确的方向，不论发生什么，先知们都必须继续学习并定期进入 神的同在。生活在祂的同在中营造出一种敬畏、圣洁，和对未来充满期待的氛围。即使在祂的沉默中，知道无论我们走到哪里，祂都与我们同行，就会激励我们继续寻求和倾听。

当主沉默时我们在事奉中的姿态

先知们都必须继续学习如何保持正确的方向，不论发生什么，都要定期进入 神的同在。生活在祂的同在中营造出一种敬畏、圣洁，和对未来充满期待的氛围。即使在祂的沉默中，知道无论我们走到哪里，祂都与我们同行，就会激励我们继续寻求和倾听。

先知性传道人必须明白，神有无数的策略来应对聚会中的沉默。祂并不总是通过房间里最有恩赐或经验丰富的先知来说话，因为我们都是一个身体的成员，圣灵选择祂想要使用的人。主将祂的恩赐和先知性话语分配给所有愿意站出来并被使用的人。

正如经上所写："这一切都是这位圣灵所运行的，随己意分给各人的。"（《哥林多前书》12:11）。"只要照主所分给各人的，和 神所召各人而行。我吩咐各教会都是这样。"（《哥林多前书》7:17）。"我们这许多人，在基督里成为一身，互相联络作肢体，也是如此。6按我们所得的恩赐，各有不同。或说预言，就当照着信心的程度说预言；"（《罗马书》12:5-6）。

在那些沉默的时期里，先知应该观察、祈祷，并鼓励其他人站出来，释放预言的灵，以便所有人都能说预言。这彰显了成熟度和愿意提拔他人高于自己的心态，正如经上所写："因为你们都可以一个一个地作先知讲道，叫众人学道理，叫众人得劝勉。先知的灵原是顺服先知的。"（《哥林多前书》14:31-32）

我们正在与 神建立一段历史，展现我们对祂和祂所托付的恩赐的信实和委身。 神正在寻找愿意退居一旁来观察、鼓励，和指导他人在他们的先知启示性恩赐上成长和取得卓越的人。国度先知在建立管理工作的履历，同时也在培养和提升他人走向伟大。国度先知是有耐心且善于观察的，他们坚守着作为导师、父亲和母亲的位置。他们不嫉妒，也不羡慕，愿意谦让，以培养他人为目标。

> 《雅各书》 3:17 惟独从上头来的智慧，先是清洁，后是和平，温良柔顺，满有怜悯，多结善果，没有偏见，没有假冒。

先知绝不可为了显得属灵或更有经验而为一个团体或个人编造话语。成熟的国度先知给新兴的先知留出空间，让他们参与并培养他们的恩赐和呼召，因为他们理解国度的原则和秩序。先知们不应该为"表现"而担忧。如果 神没有说话，先知就应该保持沉默，正如经上所写："万军之耶和华如此说：'这些先知向你们说的预言，你们不要听他们的话。他们以虚空教训你们，所说的异象，是出于自己的心，不是出于耶和华的口。'"（《耶利米书》23:16-22）。

你的使命是什么？你是否在正确的位置？

每位先知都有一个来自主的独特而具体的使命，他们被分配等级、特殊能力、职能和职责。他们目前的国度活动、特定的兴趣，以及对实现 神旨意的热情都指向这个使命。没有两位先知是相同的，每位都是根据 神的设计和旨意培养的。因此，每个使命都是不同的，是为每位先知量身定制的。

国度先知明白，关系、社区，以及与正确的部落或团体连接对于他们的成长和晋升至关重要。当一个先知处在正确的团契中，做着 神呼召他做的事情时，就会结出好果实。先知们需要有其他先知为他们负责，给他们意见，指导他们的生活。

先知应该对季节的变化、新出现的模式或迹象保持敏感和警觉。他们应该观察他们内心所向往的事物，例如人、文化、新的负担、新的领域、新的活动，和属灵战争。这些都是揭示新季节、新的培训机会，和新任务的指标。属灵的晋升可能与这些指标联系在一起。先知们应该坚守在他们的使命范围内，不要放弃，管理好他们能够掌控的事物，并警觉于魔鬼摆在他们面前的干扰。他们应该抵制承担过多的责任。

属灵争战与耶洗别的灵

最初，我们的身体是为了敬拜 神、在花园里散步、享受祂的同在和创造而设计的。这种节奏包括平安、享受、观察、倾听、交流、赞美和敬拜 神。然而，罪改变了这种节奏和自然流动。如果我们观察人体，我们会注意到一切都是面向前方的，包括眼睛、耳朵、鼻子和脚。 神创造我们是为了让我们面向前方、向前行走，把所有的注意力都集中在我们前面的事物上，而不是后面的事物上。

保持胜利和属灵争战的关键在于直面前进，占领我们面前的土地。我们不断地前进，迈向新的水平和位置。我们以自信和勇敢的姿态参与属灵争战，通过祷告和忠实于圣经的生活，坚守并保持住我们所被托付的土地和地区。国度先知了解他们的权柄，并从进攻而非防御的立场参与属灵争战。国度先知在属灵争战中从胜利走向胜利，知道他们拥有优势和权柄，可以在任何情况下都生活在 神现在的国度里。

所有的先知都会遭遇到耶洗的别的灵的攻击。耶洗别的灵是一个具有杀戮和自杀倾向的邪灵，它操控、控制、散布恐惧，并充满了巫术。它通过性扭曲和诱惑的思想显露自己。这个邪灵试图剥夺你的权柄，并诱使你想要逃跑、退缩、放弃、妥协和隐藏。

在《列王记上》19:1-4、9-10中，亚哈告诉耶洗别以利亚所行的一切事，包括他如何用刀杀死了众先知。耶洗别随后就差遣人去见以利亚，威胁要让他的生命像那些被处死的先知一样。以利亚担心自己的生命安全，逃到了别是巴，把仆人留在那里。他自己在旷野里走了一日的路程，坐在一棵罗腾树下，在那里求死。

后来，以利亚进了一个洞，就在那里过了一夜。耶和华的话临到他说："以利亚啊，你在这里作什么？"以利亚回答说，他对耶和华万军之 神大发热心，因为以色列人背弃了祂的约，拆毁了祂的坛，并用刀杀了祂的先知。他以为自己是唯一的存留者，而且他们在寻索他的性命。

先知们是 神的声音，宣告祂的旨意，无论情况如何都完全信靠祂。他们被激励着在 神的旨意中不断前进。国度先知们坚守自己的立场，警惕自己的思想，并坚持战斗。他们不畏惧人、撒但，或恶魔；他们敬畏主，在祂的大能中坚定站立，在战场内外都知道自己的地位和权柄。

>《以弗所书》 6:10-13 我还有末了的话：你们要靠着主，依赖他的大能大力，作刚强的人。 11要穿戴 神所赐的全副军装，就能抵挡魔鬼的诡计。 12因我们并不是与属血气的争战，乃是与那些执政的、掌权的、管辖这幽暗世界的，以及天空属灵气的恶魔争战。 13所以，要拿起 神所赐的全副军装，好在磨难的日子抵挡仇敌，并且成就了一切，还能站立得住。

>《哥林多后书》 10:3-5 因为我们虽然在血气中行事，却不凭着血气争战。 4我们争战的兵器，本不是属血气的，乃是在 神面前有能力，可以攻破坚固的营垒， 5将各样的计谋，各样拦阻人认识 神的那些自高之事一概攻破了，又将人所有的心意夺回，使他们都顺服基督。

国度先知使用圣经、宣告和法令来行使权柄，与黑暗的力量进行属灵争战。他们大胆宣扬对 神话语的理解，运用耶稣赐予他们的权柄去捆绑和释放。通过他们的话语，他们拥有拆毁或建立的力量，并凭着坚定的信仰和信心行事。

>《马太福音》16:18-19 我还告诉你：你是彼得，我要把我的教会建造在这磐石上，阴间的权柄不能胜过他（"权柄"原文作"门"）。 19我要把天国的钥匙给你，凡你在地上所捆绑的，在天上也要捆绑；凡你在地上释放的，在天上也要释放。"

在争战时，这些先知拥抱 神的平安并在 神的平安中运行，这平安被称为"沙龙(SHALOM)"，他们还在战争中继续敬拜主。 神的平安加上他们的敬拜，可以使敌人的努力失效。在《创世纪》1:26中，我们读到 神照着自己的样式创造了人，并赐给他们对全地和地上一切活物的治理权。在《历代志下》20:15中，我们看到 神对约沙法王的安慰，祂告诉他，胜败不在乎他们，乃在乎 神，鼓励他不要恐惧惊惶。在《历代志下》20:21-22中，我们看到人们在战争之前如何赞美和敬拜 神，然后 神如何设下伏兵击杀他们的敌人，使敌人被打败。

我们的身份只能在基督里找到，并且圣灵在我们里面运行，将我们转变为祂的样式。然而，这种转变需要我们采取行动。通过行动，我们不断发展进步，最终带来提升以及与 神的亲密关系。随着我们与 神的关系不断加深，我们对祂的信心和信任也会增强，这会释放平安并鼓励期待。这种期待会带来喜乐，并点燃希望的种子。随着希望在我们的生命中蓬勃发展，它会引导我们走向以稳定和自我控制为基础的顺服和信实。

利用圣灵的果子作为武器，我们可以有效地对抗我们周围的邪恶黑暗势力。在属灵争战的时候，神可能会保持沉默，观察并等待，看看我们是否会运用我们已经拥有的真理和信心。然而，行走在 神的平安中可以让我们进入天国的思维、行动和存在。它也能削弱敌人的影响。

> 《加拉太书》5:22-25　圣灵所结的果子，就是仁爱、喜乐、和平、忍耐、恩慈、良善、信实、23温柔、节制。这样的事，没有律法禁止。24凡属基督耶稣的人，是已经把肉体和连肉体的邪情私欲同钉在十字架上了。25我们若是靠圣灵得生，就当靠圣灵行事。

在行动或说话之前停顿是一种激活我们内心平安状态的有效方法。这使我们能够专注于 神的旨意和 神的声音，并以符合祂心意的方式做出回应。当我们住在 神的平安中时，我们会体验到清晰的感觉， 神在我们里面的话语也会变得强烈，并做出相应的回应。虽然 神在属灵争战时可能保持沉默，但这却可以考验我们的忍耐、信心，和对祂的确信。通过信任祂的道路、计划和对我们生命的旨意，我们会在与祂的关系中不断成长和发展。

第八章

对过程理解并认同

对主来说，对我们信心的考验是一个宝贵的过程。这是一个不可避免的过程，它可以精炼我们，让我们更接近天父的心。考验的压力使我们旧有的本性和习惯显露出来，从而激活转变。有时，这个过程可能会透露实情，令人难堪和痛苦。然而，当我们多次经历更新的考验和火炼时，这意味着 神正在剥去层层外壳，深入到我们生命中的根本问题和坚固营垒。

> 《撒迦利亚书》13:9 "我要使这三分之一经火，熬炼他们，如熬炼银子；试炼他们，如试炼金子。他们必求告我的名，我必应允他们。我要说：'这是我的子民。'他们也要说，'耶和华是我们的 神。'"

> 《箴言》17:3 鼎为炼银，炉为炼金，惟有耶和华熬炼人心。

在这些季节和环境中，我们可能很快就拒绝这些情况可能来自 神的想法。然而，神对我们周围发生的一切事情总是有一个旨意。认识并拥抱这些考验和试炼，以及认同这个过程，反映了天国的思维、天国的心，和天国的焦点。圣经说，我们信心的试炼比金子还宝贵。神的国度货币就是试炼，我们应该与每一个临到我们的挑战交朋友。它们是成长和进步的机会，不是造成伤害或失败的时刻，而是带来更新的。

《彼得前书》 1:6-7 因此，你们是大有喜乐。但如今在百般的试炼中暂时忧愁， 7叫你们的信心既被试验，就比那被火试验仍然能坏的金子更显宝贵，可以在耶稣基督显现的时候，得着称赞、荣耀、尊贵。

舍己和分别为圣的生活方式

作为基督的追随者，我们必须每日舍己，放弃世俗的一切，去追求那些讨主喜悦并荣耀祂的事。我们必须不断培养自己的思想和生活方式，以坚定地遵守 神的国度原则。

在《马可福音》 8:34-37 中，耶稣呼吁我们舍己，背起我们的十字架，跟随祂。凡想要救自己生命的，必丧掉生命；凡为祂和福音丧掉生命的，必救了生命。赚到全世界却赔上自己的灵魂有什么好处呢？要成为有国度意识的人，我们必须首先认识到 神的王国始终在我们心中和周围。其次，圣灵住在我们里面，可以接触到与 神国度有关的一切。因此，我们也可以随时接触到我们的产业，领受更多的启示，并更多地经历祂的良善。

《歌罗西书》 1:26-27 这道理就是历世历代所隐藏的奥秘，但如今向他的圣徒显明了。 27 神愿意叫他们知道，这奥秘在外邦人中有何等丰盛的荣耀，就是基督在你们心里成了有荣耀的盼望。

我们里面的圣灵启示 神国度的秘密与奥秘，并向那些将自己的生命交托给祂的看顾和培养过程的人传达国度的旨意、生命和应许。祂从我们的灵开始精炼我们的殿，然后延伸到我们的身体、灵魂、思想、意志、记忆和情感，使我们成为主的圣殿。我们的灵、魂、体就像是皮袋，而圣灵则是新酒，在各方面反映出耶稣。正如《以弗所书》 4:22-24 中所说的，我们必须脱去旧人，更新我们的心志，穿上照着 神的形象而创造的新人，有真理的仁义和圣洁。通过不断地将我们的生命交托给 神，并拥抱祂的国度原则，我们可以成为祂所呼召我们成为的人。

新皮袋和新酒

想象一个皮袋，它的作用是保护某些宝贵的、无可替代的、珍贵的东西。在我看来，皮袋象征着基督身体的两个具体和有形的组成部分：教会的整体结构和我们个人的殿。两个皮袋都必须能够承装并彰显耶稣的新酒。当

基督的身体为了 神的旨意，在仁爱、和谐、思想和灵合一的状态下共同努力时，教会就会进步。

旧的皮袋正在逐渐转变为新的皮袋。主正在现有的皮袋上建造，预备教会迎接耶稣，并行走在祂的同在里。在我们面前的这个新时代，耶稣的新酒将彰显出祂作为一个公义的审判者和得胜的君王的荣耀和威严。耶稣的新酒始终在流动，从不停滞。我们必须保持灵活，随时准备跟随着 神的行动而行动。新酒总是与 神的行动联系在一起。

皮袋总是处在升级的过程中，以接受更多的启示和分赐来实现 神的旨意，这就是为什么个人和整体的皮袋都必须保持灵活，以便扩展和成长。

在《路加福音》5:36-39 中，耶稣用一个比喻来解释新酒不能装在旧皮袋里。门徒们难以理解耶稣向他们提出的新教义和原则。当我们的主训练祂的门徒时，祂没有立即从他们那里拿走旧酒，而是直等到他们能够品尝和管理新酒。他们的传统和宗教需要改变，他们对如何进行教会和团契的理解也需要改变。他们的团体和个人的圣经原则和教义都需要升级，他们的心志和灵性也需要更新才能领受和管理耶稣的新酒。

纵观历史，每个时代都从 神的话语和圣灵的启示中发现了新的、令人兴奋的表达方式和真理。新皮袋是在旧皮袋的基础上创造出来的。旧皮袋总是在发挥作用，以实现 神对每个历史时期的旨意。正如路德将他的论纲钉在天主教堂的大门上为教会带来改革和变革一样，在整个历史中， 神已经揭示了更多关于祂是谁的真理和启示，以完成"祂"对人类的计划。 神希望将人类带入国度的对齐中，使得团体的皮袋和个人的皮袋联合起来，与 神的旨意对齐并达成一致。 神正在预备新妇成为圣洁、无可指摘，和毫无瑕疵的。我们都在从荣耀走向荣耀的过程中。

我们看到 神通过不同的季节和时间来显明祂对人类的旨意。每一次属灵觉醒都是一场运动，改变了教会的思维、教导、行动和表达方式。纵观历史，我们可以看到更多关于 神的真理的启示、秘密和奥秘在不同的季节和时代被发现和揭示。这些都是为了让教会为下一次圣灵的浇灌和耶稣第二次的到来做好准备。

正如第一世纪的门徒需要接受训练和装备，以理解耶稣向他们提出的新教义和国度原则一样，我们也需要时间来处理并行走在 神的新原则、新结构和新启示中。

第一个皮袋指的是我们个人对 神是谁的启示和确信，以及我们对祂的认知和与祂的关系。《哥林多前书》3:17 和《哥林多前书》6:19都强调，我们的身体作为圣灵的殿，必须展现出敬虔的特质，并结出仁义的果子。

第二个皮袋涉及到当前教会的治理结构，目前大多数现代教会都是在以牧师和长老为领导的模式下运作的。这是自4世纪以来教会的运作方式，但最近这个模式受到了挑战，并正在进行改革和转变，因为旧的皮袋（除了一些例外）忽视了让被呼召的会众 (EKKLESIA), 或教会 (THE CHURCH)，积极参与并利用他们的属灵恩赐和呼召。牧师有时会因为嫉妒和不安全感而阻止会众中那些有恩膏或有恩赐的传道人服侍。幸运的是，今天越来越多的教会开始按照《使徒行传》、《哥林多书》和《以弗所书》中概述的模式来运作。

圣灵已经在推动这一变革，针对那些渴望 神的同在并致力于耶稣的人，在餐馆、公园、商业场所和家庭中创建团契和聚会。随着教会进步和主在现有的皮袋上建造，团体教会结构必须保持灵活，开放于转变，以允许基督身体的所有成员更多地参与和服侍。这样，教会将扩展，为耶稣的再来做好准备，并实现她的命定。

  《使徒行传》 2:42-47 都恒心遵守使徒的教训，彼此交接、擘饼，祈祷。 43众人都惧怕。使徒又行了许多奇事神迹。 44信的人都在一处，凡物公用。 45并且卖了田产、家业，照各人所需用的分给各人。 46他们天天同心合意恒切地在殿里，且在家中擘饼，存着欢喜诚实的心用饭， 47赞美 神，得众民的喜爱。主将得救的人天天加给他们。

  《哥林多前书》 12:12-31 就如身子是一个，却有许多肢体；而且肢体虽多，仍是一个身体。基督也是这样。

  《以弗所书》 2:19-22 这样，你们不再作外人和客旅，是与圣徒同国，是 神家里的人了。 20并且被建造在使徒和先知的根基上，有基督耶稣自己为房角石， 21各（或作"全"）房靠他联络得合式，渐渐成为主的圣殿。 22你们也靠他同被建造，成为 神藉着圣灵居住的所在。

  《以弗所书》 4:11-13 他所赐的有使徒、有先知、有传福音的、有牧师和教师， 12为要成全圣徒，各尽其职，建立基督的身体， 13直等到我们众人在真道上同归于一，认识 神的儿子，得以长大成人，满有基督长成的身量。

圣灵正在准备一种新的皮袋结构和模式来领受耶稣的新酒。这种模式允许每个基督徒在他们的影响范围内参与 神国度的建设。我们都被呼召履行自己的职责来完成 神的使命，无论我们去到哪里都要为耶稣发光。为了做到这一点，我们必须管理好我们负责的每一个门，把我们的整个灵、魂、体都奉献给主。我们必须保守我们的眼门（我们看什么）、耳门（我们听什么）、脚门（我们去到哪里）、手门（我们触摸什么）、口门（我们说什么）、思想/心志的门（我们想什么）、以及我们的身体（我们的行为和反应），并保守我们的心。

> 《耶利米书》 17:9-10 人心比万物都诡诈，坏到极处，谁能识透呢？10我耶和华是鉴察人心、试验人肺腑的，要照各人所行的和他作事的结果报应他。

因此，我们必须谨慎地保守我们的心思意念，确保我们与 神的旨意和目的保持一致。只有这样，我们才能真正地参与建立 神的国度，并完成祂的使命。

> 《路加福音》 6:45 善人从他心里所存的善，就发出善来；恶人从他心里所存的恶，就发出恶来。因为心里所充满的，口里就说出来。

> 《罗马书》 12:1-2 所以弟兄们，我以 神的慈悲劝你们，将身体献上，当作活祭，是圣洁的，是 神所喜悦的，你们如此侍奉，乃是理所当然的。 2不要效法这个世界，只要心意更新而变化，叫你们察验何为 神的善良、纯全、可喜悦的旨意。

耶稣的新酒在分别为圣的信徒心中，以及由使徒、先知、传福音者、牧师和教师组成的圣经事工模式中保存得最完好。这种模式不是统治，而是建立教会，通过使每个成员团结一致，利用他们独特的才能和恩赐来装备和成熟基督的身体。事工的职位是为了服侍，而不是寻求平台、认可、金钱或地位。

为了使新的皮袋能够承载 神的真实本性和特质，它必须被交给那些完全为基督而活、值得信赖和忠诚的人。个人和团体的皮袋必须保持洁净，才能保留耶稣的同在、能力、权柄和恩膏。耶稣不会将自己呈现在被污染、有瑕疵、被亵渎、或人造的结构里，因为这种结构受到人类思想和诠释的损害。耶稣的新酒流淌于那些以纯洁的心无条件去爱的人当中。为了领受耶稣的丰盛和同在，一个人必须过分别为圣的生活，完全顺服和奉献给主。

> 《歌罗西书》 1:21-23 你们从前与 神隔绝，因着恶行，心里与他为敌。22但如今他藉着基督的肉身受死，叫你们与自己和好，都成了圣洁，没有瑕疵，无可责备，把你们引到自己面前。23只要你们在所信的道上恒心，根基稳固，坚定不移，不至被引动失去（原文作"离开"）福音的盼望，这福音就是你们所听过的…

有一天，当我在割草时，主通过圣灵清楚地对我说话。祂说："如果你将你的生命奉献给我，我就会洁净你的心。"当我问如何做到这一点时，祂回答道："停止观看暴力和挑衅性的电影，停止听世俗音乐，不要参与世俗的爱好和战争游戏。要分辨从媒体、互联网和手机上看到和听到的内容，因为很多声音都是具有破坏性和虚假的。圣灵将成为你的教师，圣经将引导你进入一切真理。"

我意识到，如果我要接受被分别为圣，拥有新皮袋并领受新酒，我需要改变我现在的生活方式和爱好。然而，圣灵提醒我，这是我的选择，他不会强迫我做任何我不愿意做的事情。分别为圣是一个放下旧的本性并培养祂的仁义的过程，这已经被注入到我的灵魂中。我与 神合作，并认同这个转变的过程，直到这些反应变得自然而然，甚至无需思考。

> 《马太福音》 23:26 你们这瞎眼的法利赛人，先洗净杯盘的里面，好叫外面的也干净了。

> 《路加福音》 6:45 善人从他心里所存的善，就发出善来；恶人从他心里所存的恶，就发出恶来。因为心里所充满的，口里就说出来。

我是一个正在不断进步的人，所有在耶稣基督里的人也是如此。神的恩典是爱的伟大体现，尤其是对那些不配的人。我们的反应和回应揭示了我们是谁，以及我们对自己的看法。因此，让我们穿上谦卑和爱的外衣，因为没有谦卑，我们就无法领受恩典；没有爱，我们只是静电噪音，不起作用。

拥抱转变的过程只是一个开始；我们必须每日舍己，并选择做下一件正确的事情。我们通过控制我们的身体并将自己奉献给主来预备我们个人的皮袋，以管理主的同在和荣耀。随着领导层欣然接受和管理圣徒们的事工，欢迎使徒、先知、传福音者、牧师和教师来装备和培训被呼召的会众时，整体教会也将更多地经历 神的荣耀。 神要求我们顺服，做我们被呼召去做的事，并遵循圣经的模板。当我们这样做时，世界将看到并经历主的荣耀。

第九章

定义五重职事职位：使徒模式与使命

耶稣是祂的教会的房角石和统治君王。祂设立了五个特定的职事职位，用来建立、引导、教导、训练门徒，并释放 神的子民去进行服侍。这些职事分别是使徒、先知、传福音的、牧师和教师。每一个职事都有独特的恩赐、使命、责任和功能，以装备、培养、培育、管理和引导教会(EKKLESIA)。

把这五重职事的任命看作是长老们，他们就像手掌上的手指一样服侍的。手的背面代表着 神，祂掌管着整个手的结构。手掌内部代表基督的身体，而手指和拇指则代表着五重职事的长老。拇指代表使徒（APOSTLE），可以触摸到每个手指。拇指为整只手提供更好的抓握力、更多的运动活动和完全的力量。当手握成拳头时，拇指保护其余的手指。在这个例子中，合拢的拳头覆盖并保护基督的身体（掌心）。

食指代表先知（PROPHET），他指引道路并走在其他人的前面。中指代表传福音的（EVANGELIST），是最长的手指，比其他手指伸得更远。无名指代表牧师（PASTOR），象征着盟约和婚姻的角色，承诺、奉献、保护和应许。小指代表教师（TEACHER），为整只手提供平衡和稳定。这根手指还完成了抓握的动作，为整只手的功能提供充足的力量、信心和能力。任何一根手指的缺失都会削弱手的功能。

圣经中提到了两种类型的领袖。我称它们为"高级领袖"和"初级领袖"。高级领袖根据《哥林多前书》12:27-31来领导、引导、培养和指导初级领袖。高级领袖的焦点是领导力和教会的治理结构和组织。并非所有人都被呼召为高级领袖。高级领袖负责培训和装备未来的领袖，我称之为"初级使徒"、"初级先知"、"初级传福音者"、"初级牧师"和"初级教师"。这些人正在接受培训，以成为高级领袖。初级领袖的职能是根据《以弗所书》4:1-16来培训和装备地方教会。初级领袖的管辖范围是"地方教会"，而高级领袖的管辖范围则包括本地方教会、多个地区，甚至有些会被呼召去服侍列国。如果这是 神对他们计划的一部分，初级领袖可以毕业并晋升为全时间的传道人来进行服侍。

使徒和牧师被拣选为"指定的领袖"，肩负着异象和使命来建立他们事工。每个使命对于 神派遣他们去的地区和区域都是独特的。使徒是被"差遣"的人，有一些牧师也被赋予使徒恩膏，但以牧养为重点，他们的视野、异象、使命和激情超越了地方教会，影响到其他地区，有时甚至是列国。

被 神所呼召的使徒（或具有使徒恩膏的牧师）具有属灵的执行权柄和恩膏，以实现 神放在他心里的异象和使命。这些"被差遣的人"致力于建立 神的国度，并热衷于建立持久而富有成效的关系，推动 神的子民采取行动并实现他们的命定。那些被耶稣呼召、拣选和膏抹担任使徒职分的 神的子民将被赋予爱他人的心。这些被拣选和任命的领袖无论走到哪里都会展现耶稣的思想和品格。他们的事工将反映出父神的心，与《哥林多前书》13:1-13 的教导一致。使徒的标志和生活方式可以在《哥林多前书》4:9-14 中找到。使徒的心志寻求建立社区和培养密切的关系，并忠于使命，值得托付异象，具有信心和耐心坚持到底。

以下是对各个职分、职责（事工外衣）和事工功能的简要描述：

- **使徒的职分**：**使徒 APOSTOLOS AP-OS'-TOL-OS** 来自希腊文 G649；意为代表；具体来说，福音的使者；正式来说，是基督的使者（"使徒"），（拥有行神迹的能力）：- 使徒，使者，被差遣的人。使徒是监督者，他们确立教义和根基，他们的事工中常常伴随着神迹奇事。他们建立教会并创办培训中心来培养领导层，并领受专门为他们所受托的事工和地区而设计的属灵启示、知识、秘密和奥秘。他们与牧者和先知密切合作，建立五重事工，并设立领袖来装备圣徒。参见《以弗所书》2:20，《以弗所书》3:3-5，《使徒行传》2:42-43，《哥林多后书》12:12。

- **先知的职分**：先知PROPHĒTĒS PROF-AY'-TACE来自希腊文 G4253 和 G5346 的复合词；说话、发言，或肯定；预言家（"先知"）；通过类比，指一个受到启示的演说家；引申为一位诗人：- 先知。先知是信使和守望者，同时也在教会中参与教导教义和根基真理。国度先知热衷于教导人们如何聆听主的声音。他们也是代祷者和前线战士，看守着 神指派给他们的门户和祭坛。这些先知将鼓励、造就、劝勉、带来纠正，提供方向，传授恩赐和激活使命，包括对异象、异梦、预言和 神的旨意的阐明。参见《阿摩司书》 3:7，《以弗所书》 3:3-5，《以弗所书》 2:19-20，《启示录》 10:7，18:20。

- **传福音者的职分**：传福音者 EUAGGELISTĒS YOO-ANG-GHEL-IS-TACE' 来自希腊文 G2097；福音的传道者：- 传福音者。传福音者带着一种恩膏，无论他们被差派到哪里，都能充满热情、带着力量清晰地传讲耶稣基督的福音。他们的事工通常伴随着神迹和奇事，他们的聚会中也通常会发生医治和奇迹。他们恩膏的结果是人们听到并回应他们的信息，并被吸引去与耶稣和圣灵有真实的、个人的相遇。参见《以弗所书》 4:11，《提摩太后书》 4:5，《罗马书》 10:14-15。

- **牧师的职分**：牧师 POIMĒN POY-MANE' 由关系不明确的词源组成；牧羊人（字面意思或象征意义）：- 牧羊人，牧师。牧师是关心羊群的牧羊人、建造者和监督者。他们带着热忱和说服力传讲 神的话语，流露出能够使人认罪悔改的恩膏，对于 神托付给他们的人有一颗培育、保护和引导的心。神迹、奇事、医治，和奇迹也通过牧师的爱彰显。参见《使徒行传》 20:28，《彼得前书》 5:2-3。

- **教师的职分**：教师 DIDASKALOS DID-AS'-KAL-OS 来自希腊文 G1321；教师（一般或具体）：- 博士，大师，教师。教师是具有特殊能力和热情的指导员，他们能够清晰而有说服力地进行教学，致力于设计和呈现能够打动听众心灵的课程。他们知道如何激发和鼓励人们自己研读圣经，并寻求 神。参见《提摩太后书》 2:15。

那些被呼召担任使徒、先知、传福音者、牧师和教师职分的人承担着更高程度的责任和义务，因为他们是 神的代言人。这五种职事都被指示和命令去培训、释放和赋能信徒，使他们成为成熟的门徒。也就是说，每一位领袖和每一位基督徒的目标都是成为那些 神托付给他们的人的父亲或母亲。

《雅各书》 3:1 我的弟兄们，不要多人作师傅，因为晓得我们要受更重的判断。

《哥林多前书》 4:15 你们学基督的，师傅虽有一万，为父的却是不多，因我在基督耶稣里用福音生了你们。

在教会结构中，五重职事的领袖肩负着重要的责任。他们通过祷告慎重地选择谁将担任长老、执事和其他领袖的职务。他们处理教会事务，设立界限，并传讲和教导 神的话语。此外，他们还不断地保护、爱护和照顾教会。正如《使徒行传》 2:42 中所述，早期教会坚定地遵守使徒的教训和团契、擘饼和祷告。同样地，在《使徒行传》 14:23 中，每个教会任命长老时都伴随着祷告和禁食，并把他们交托给他们所信的主。

长老的职能：长老 PRESBUTERION PRES-BOO-TER'-EE-ON，希腊文 G4245 的衍生词；长老的秩序，即（具体而言）以色列的大公会议或基督教"长老会"：PRESBUTEROS PRES-BOO'-TER-OS （也象征性地指天上议会的成员）或基督教"长老会"。长老在长老的职务上担任监督的角色，负责监督基督教教会里的负责人。长老就像馆长、监护人，或主管一样，他们的职责是确保他人要做的事情得以执行和完成。长老处理教会团体的事务。

《提摩太前书》 5:17 那善于管理教会的长老，当以为配受加倍的敬奉。那劳苦传道教导人的，更当如此。

欢迎和促进使徒、先知、传福音者、牧师和教师的合一对于教会的有效运作和成长至关重要。当每个人在事工和彼此服侍中共同努力时，就会形成一幅团结的美好画面。这种国度的治理结构鼓励个人在 神所安置他们的地方实现他们的命定和目的。

必须明白，没有任何一种恩赐、任命或职能比另一种更重要。基督的身体像一个团队一样运作，为了共同的益处而协作。当每个成员忠心地管理自己的恩赐、才华和恩膏时，他就给 神带来荣耀，而身体也在成熟中成长。 神寻求可信赖的人，他们愿意回应呼召，通过指导他人来训练门徒。

《罗马书》 12:4-8 正如我们一个身子上有好些肢体，肢体也不都是一样的用处。 5我们这许多人，在基督里成为一身，互相联络作肢体，

> 也是如此。 6按我们所得的恩赐，各有不同。或说预言，就当照着信心的程度说预言； 7或作执事，就当专一执事；或作教导的，就当专一教导； 8或作劝化的，就当专一劝化；施舍的，就当诚实；治理的，就当殷勤；怜悯人的，就当甘心。

> 《哥林多前书》 12:12-14 就如身体是一个，却有许多肢体；而且肢体虽多，仍是一个身子。基督也是这样。 13我们不拘是犹太人，是希腊人，是为奴的，是自主的，都从一位圣灵受洗，成了一个身体，饮于一位圣灵。 14身子原不是一个肢体，乃是许多肢体。

所有的五重职事职位都在耶稣的领导和权柄之下，并彼此负责。有效的沟通、定期的祷告和禁食、合一和战略规划对于这些职事领袖至关重要，以便他们能够作为一个团队紧密合作，并专心致志于事工。 神正在兴起领袖团队来完成祂的旨意。遗憾的是，一些领袖滥用他们的头衔以谋取个人利益和获得权威的认可。虽然 神确实会在教会里膏立和设立领袖来装备圣徒进行服侍，但头衔不应该定义我们，也不应该被过分强调。我们的焦点应始终放在耶稣和圣经上，而不是任何人或头衔上。

作为信徒，我们有来自天父、耶稣和圣灵的个人遮盖指导。人是会犯错误的，永远不应该取代 神成为我们最终的权柄。虽然我们应该尊荣、尊敬 神设立在我们生命中的领袖，并对他们负责，但我们最终的委身对象应该永远是 神和祂的话语。

由一位牧师独自领导和做所有事情的时代已经结束了。 神正在呼召牧者们进入一个新的季节，充满相遇、定位和提升。祂的国度总是在前进，祂正在启示新的经历、表达、鼓励、兴奋、期望和扩展，以增加我们对祂的理解和服侍祂的能力。教会本应在和谐和合一中协作，每个人都发挥自己的作用来转变周围的文化。

作为基督的跟随者，我们与众圣徒同国，是 神家里的人，建立在使徒和先知的根基上，有耶稣基督自己为房角石。当我们被联络在一起，成为主的圣殿，我们就成了圣灵居住的所在。

> 《以弗所书》 2:18-22 因为我们两下藉着他被一个圣灵所感，得以进到父面前。 19这样，你们不再作外人和客旅，是与圣徒同国，是 神家里的人了。 20并且被建造在使徒和先知的根基上，有基督耶稣自己为

房角石， 21各（或作"全"）房靠他联络得合式，渐渐成为主的圣殿。 22你们也靠他同被建造，成为 神藉着圣灵居住的所在。

建造一个坚固的房屋需要耐心和细致的态度。每一个细节都必须被精心规划和执行，以确保结构坚固耐用。坚实的地基是一个坚固耐用的房屋的基石。它有四面，每一面都同等重要，共同支撑整个建筑的重量。

当我默想地基的重要性时，圣灵在我脑海中勾勒出一幅生动的画面。我看到一个方形的混凝土板安放在一个坚固的岩石上，象征着教会的结构。混凝土板的每一面都刻有文字，标记着教会根基的关键元素。我看到的标记是："神的话语"，"与圣灵的亲密关系"，"祷告"和"敬拜"。祂向我显明，当这四个根基要素齐心运作时，房屋的坚固性就会增强。

随着教会承担起它的命定和祭司的角色，它将对我们日常生活产生更大的影响力，并影响我们的地方社区。教会必须专注于在 神的话语、与圣灵的亲密关系、祷告和敬拜中建立和维持稳固的根基，以实现其使命，并为世界带来持久的改变。

> 《哥林多前书》 3:8-11 栽种的和浇灌的，都是一样。但将来各人要照自己的工夫得自己的赏赐。 9因为我们是 与神同工的；你们是 神所耕种的田地，所建造的房屋。 10我照 神所给我的恩，好像一个聪明的工头，立好了根基，有别人在上面建造，只是各人要谨慎怎样在上面建造。 11因为那已经立好的根基就是耶稣基督，此外没有人能立别的根基。

爱是事工的动机和方法

爱是国度先知和领袖必须立足并树立榜样的根基。它是一种保护、宽恕、谦让、加强，启发、建造，鼓励、引导、和促进的遮盖。当爱是驱动力时，国度先知就会积极寻求机会将 神的良善和光倾注给他人，并抓住神圣的相遇时刻。

> 《哥林多前书》 13:4-8 爱是恒久忍耐，又有恩慈；爱是不嫉妒，爱是不自夸，不张狂， 5不作害羞的事，不求自己的益处，不轻易发怒，不计算人的恶， 6不喜欢不义，只喜欢真理； 7凡事包容，凡事相信，凡事盼望，凡事忍耐。 8爱是永不止息。

国度先知应当始终如一地展示出富有成效，且与公义、道德和正直相一致的方法。他们在彰显敬虔的品格的同时，也表现出成熟度、经验的丰富和坚定的信仰。他们服从圣灵的领导和忠告，同时也珍视人际关系和永生的盼望。此外，他们致力于提拔他人，将自己的成功归于耶稣。

《希伯来书》10:22-25 的经文鼓励信徒要以诚实的心和充足的信心来亲近神，心里因洁净脱离邪恶，身体用清水洗净。我们被呼召要坚守我们所承认的盼望，不至动摇，因为那应许我们的是信实的。我们也被呼召要彼此相顾，激发爱心，勉励行善，不可停止我们的聚会，倒要更多地彼此劝勉，因为那日子临近。

使徒式原型

《马太福音》第28章概述了教会的使命。使徒式教会由一群受过训练和装备的信徒组成的社区，他们被派遣往自己的社区、城镇、城市，甚至更远的地方去分享福音、服侍和爱人。这些教会并不只关注内部，也不局限于一个地方，而是持续地活跃在他们的社区中，将耶稣基督的福音传播到超越城市界限的地方。这个使命并没有改变，因为我们仍然被呼召使万民作主的门徒，为他们施洗，并教导他们遵守耶稣所吩咐的一切。我亲眼见证了使徒式的教会模式。我见过地方教会的资深牧师在其他州甚至其他国家建立教会。他们还设立了食品和庇护所事工以及门徒训练课程，帮助他们当地的社区，然后扩展去影响其他州的教会。这些牧师被赋予了使徒的恩膏和使命，成为以牧养为重点的使徒。我还见证了类似的使徒式先知、使徒式传福音者和使徒式教师。

> 《马太福音》28:19-20 "所以，你们要去，使万民作我的门徒，奉父、子、圣灵的名给他们施洗，20凡我所吩咐你们的，都教训他们遵守，我就常与你们同在，直到世界的末了。"阿们。

> 《马太福音》5:14-16 "你们是世上的光。城造在山上，是不能隐藏的。 15人点灯，不放在斗底下，是放在灯台上，就照亮一家的人。16你们的光也当这样照在人前，叫他们看见你们的好行为，便将荣耀归给你们在天上的父。"

在《使徒行传》1:8中，耶稣应许我们会从圣灵那里得到能力，在耶路撒冷、犹太全地和撒玛利亚，直到地极，作祂的见证。使徒式教会的原型被赋予了各种各样的恩赐和才能，对每个人和社会的属灵和身体健康作出贡献。神今天仍在兴起新约的使徒、先知、传福音者、牧师和教师。在《哥林多前书》12章中，保罗描述了圣灵分配给忠心的信徒的各种恩赐、事工和活动。他还为基督的身体应该如何作为团队成员一起工作而提供了一种模式，并列出了一个领导秩序和结构。使徒是被圣灵差遣到不同地方去执行主呼召他们去做的工作和任务的人。这些任务是针对特定地区的，目的是带来国度的思维和文化，去入侵、占领并转化人、社区和领地，以实现 神的计划和旨意。

> 《帖撒罗尼迦前书》2:4-8 但 神既然验中了我们，把福音托付我们，我们就照样讲，不是要讨人喜欢，乃是要讨那察验我们心的 神喜欢。5因为我们从来没有用过谄媚的话，这是你们知道的；也没有藏着贪心，这是 神可以作见证的。 6我们作基督的使徒，虽然可以叫人尊重，却没有向你们或向别人求荣耀。 7只在你们中间存心温柔，如同母亲乳养自己的孩子。 8我们既是这样爱你们，不但愿意将 神的福音给你们，连自己的性命也愿意给你们，因你们是我们所疼爱的。

使徒式教会模式的附加特征

- 他们的聚会充满自由和释放：《哥林多后书》3:17-18。

- 他们是属灵的战士：《罗马书》8:35-39。

- 他们了解自己的领地，并通过祷告来治理它。他们清楚自己在 神军队中的属灵等级，并按此运作。

- 他们寻求扩大自己的影响力，以成就 神的旨意：《哥林多后书》10:1-18。

- 正如《哥林多前书》4:11-13和《约翰福音》15:20所述，他们被诽谤和逼迫。

- 他们是标兵，像将军一样带头引领，监督和管理着多个地方的重大国度活动：《腓立比书》3:12-17，《使徒行传》19:8-10 推喇奴学房。

在美国武装部队中，将军有5种不同的等级。随着每个等级的晋升，他们的职责、监督和管辖范围都会增加。基督身体的治理结构领导层也是如此。头衔和级别应该受到尊重和敬重，但绝不能为了宣传、名声、地位、职位或金钱而进行推广。

使徒中心与使徒教会

使徒中心不同于教会。该中心通常由一个使徒教会赞助。它是一个专门的培训机构，由资深的领袖带领，旨在协助使徒枢纽、使徒教会和其他志同道合的团体或聚会。

它类似于一所学校，专注于通过门徒训练、学习和辅导来培训、教育、装备和差遣新兴的领袖。与教会不同，它的主要重点是培训和差遣学生进入事工。被主呼召和委任的资深使徒领袖们，乐意投入宝贵的时间、精力和资源来帮助这些领袖成长和成熟，使他们成为富有成效和得胜的领袖去辅导下一代。 神给这些资深领袖策略和蓝图，因为他们被赋予了特殊的任务、国度的钥匙以及书卷，以管理超越地方教会的事工。这些资深领袖先驱者和开拓者，被 神派往全地去传播祂的国度和福音，并教导他人。我将他们视为将军，预备教会（EKKLESIA）迎接耶稣的再来，并在末后日子里带领军队走向胜利。

第十章
妥善管理恩赐、使命和事工

为了更好地管理他们的恩赐和呼召,先知和领袖们必须拥有属灵洞察力、启示和理解力,以分辨在 神的话语中隐藏的玛哪,并在各种情况下发掘祂的意图。在当今的世界,先知们必须与圣灵保持同步,能够分辨时间和季节的转变。为了妥善管理赐予他们的恩赐和呼召,先知和领袖们必须投入时间和精力来培养自己的能力,并了解 神为了训练和装备他们所提供的独特资源。我将这些称为管理的十项操练。

1. 管理好你的个人生活:《提多书》1:7-9 品格。《哥林多前书》4:1-2 信实。《提多书》2:1-7 教义事项和正直。《彼得后书》1:3-11 敬虔,手足亲情,和丰盛的爱。

2. 管理好你的门户:思想、心灵、眼睛、耳朵、鼻子、嘴巴、手和脚。《哥林多前书》6:18-20 逃避淫行。《罗马书》12:12 保守你的思想。《箴言》4:20-27 保守你的门户。《箴言》13:3 谨守你的口舌。《诗篇》139:23-24 求 神鉴察我的心。《歌罗西书》3:2 思念属灵的事。《箴言》4:23 保守你的心。《哥林多前书》6:18-20 逃避恶行。《以赛亚书》6:10 保护眼睛和耳朵免受悖逆。《马太福音》15:13 保守心灵免于迟钝。《以弗所书》1:18 让心灵的眼睛明白祂呼召的盼望。保罗在《哥林多后书》10:4-5 中传授给我们有关属灵争战的重要教训。他教导我们所争战的武器不是属血气的,而是在 神面前有能力,可以攻破坚固的营垒。这些武器使我们能够攻破一切拦阻人认识 神的争论和自高之事。它们将人所有的心意都夺回,使他们顺服基督。

3. 管理与主的亲密关系：《马太福音》25:1-13 与主相会，预备你自己的油，并投入时间与圣灵相处。《诗篇》91:1-16 居住在祂庇护的翅膀下的隐密处。《诗篇》23:1-6 耶和华是我的牧者。《雅各书》4:8 亲近神。《马太福音》6:33 不要忧虑，寻求祂，《希伯来书》11:6 凭信心而行，竭力追求 神。

4. 管理你的动机和方法：《撒母耳记上》16:7 神鉴察人心。《希伯来书》13:5 知足，不可贪爱钱财。《歌罗西书》3:23 全心全意做事。《马太福音》6:20 积攒美好的财宝。《哥林多前书》13:1-7 爱是你的动机。《彼得后书》3:14 使自己没有玷污，无可指摘，安然见主。

5. 管理你与他人的关系：《提多书》3:1 对领袖的顺服和责任。《哥林多前书》15:33 谨慎选择与谁交往。《罗马书》13:1-7 顺服权柄。参见《帖撒罗尼迦前书》5:12-13 顺服那些为你劳苦的人。《彼得前书》5:5 和《希伯来书》13:17 彼此顺服。《哥林多前书》16:15-16 顺服那些献身于耶稣和祂国度事工的人。

6. 管理你所领受的秘密和奥秘：《哥林多前书》4:1-2 忠心地保守秘密。《马太福音》7:6 不要把秘密泄露给每个人。《马太福音》13:11-12 管理 神国度的奥秘。《歌罗西书》4:1-2 忠心。《哥林多前书》4:1 启示揭示了隐藏的奥秘。

7. 管理你所得到的恩赐：《提摩太后书》4:2-5 无论得时不得时都要做好准备。《提摩太后书》1:6 挑旺恩赐。《提摩太前书》4:14 培养你的恩赐，并努力追求更多，因为 神不会一下子向你展示一切。《提摩太前书》5:22 保持圣洁。《路加福音》16:1-2 不要浪费你的恩赐。《彼得前书》4:10-11 管理你的恩赐。《马太福音》25:14-30 使用你的恩赐来祝福和尊荣他人。《箴言》3:5-6 信任并认定 神，所以不要保留你所能够奉献出的东西。《箴言》15:23 在正确的时候说的话语会产生丰硕的果实。

8. 管理你的时间和资源：《传道书》3:1 时刻做好准备。《以弗所书》5:9-10 圣灵所结的果子就是一切良善、公义、诚实。《路加福音》12:42 管理好主人所托付给你的一切。《马太福音》25:14-30 神不会给你超过你所能承受的。管理好金钱和才能。《哥林多后书》9:6-7 慷慨地撒种。《哥林多前书》4:12 忍受艰难和迫害。《歌罗西书》3:23 全心全意做事。《马太福音》6:20 积攒财宝。《歌罗西书》3:8-10 舍己。

9. 管理你的使命：《以弗所书》1:9 和《以弗所书》5:15-18 明白主的旨意是什么。《马太福音》28:19-20 教导别人你所知道的，分享你的才能，并培养门徒。《哥林多前书》12:4-31 你对事奉的热情和渴望是什么，付诸行动。《彼得后书》1:10 更加殷情，使所蒙的恩召和拣选坚定不移。《哥林多后书》6:3-4 不叫人有妨碍。《提摩太前书》4:14-16 默想，并投入到教导和教义中。

10. 管理从 神而来的启示：《提摩太后书》2:15 按着正意分解真理的道。《帖撒罗尼迦前书》2:4 不讨人的喜欢。《马太福音》7:6 保守 神赐予你的启示，并非每个人都准备好或有能力听到天堂的宝藏。《启示录》1:1 管理好 神指示你的事。《但以理书》2:28-29 管理好异梦、异象、启示和解释。

国度先知深知自然界是短暂的，而灵界是永恒的。因此，他们以国度的思维方式行事，并认识到永恒的灵界对自然界可能产生的影响。那些具有看见能力的先知必须认真权衡每一个异象和异梦是否符合 神的话语。他们耐心倾听，寻求更多地看见和理解 神所启示的内容。通过寻求更多的理解，他们可以提供更有效的祷告和代祷。在长时间的安静默想中，圣灵可能会赐下具体的法令和宣告，在适当的时机释放先知性的话语。代祷也能揭示如何在未来进行属灵战争的更深层次的洞见。然后，国度先知、领袖和代祷者可以用法令和宣告作为他们的祷告目标，使用 神的话语和圣灵揭示的任何其他信息，制定和实施符合 神计划和旨意的新战略和战术。

正如《但以理书》2:21-22所记载， 神改变时候日期，废王立王，赐智慧和聪明给那些寻求的人。祂也显明深奥和隐秘的事，知道暗中所有的，光明也与祂同居。《哈巴谷书》2:2-3进一步提醒我们要明明地把我们所领受到的异象写下来，使读的人容易读。虽然异象可能会迟延，但我们必须等候，因为它必然临到，不再迟延。

作为 神的儿女，我们都被赋予了非凡的能力和权限，可以从基督的角度来看和听。我们与祂同坐在天上的地方，这为我们提供了一个亲密对话的空间，耶稣在那里向我们显明祂的丰富、恩典和慈爱，使我们能为祂做伟大的事。感谢耶稣和圣灵，让我们有机会看见和听见 神的灵在任何特定的时刻所说的话。

《以弗所书》2:6-7说："他又叫我们与基督耶稣一同复活，一同坐在天上，要将他极丰富的恩典，就是他在基督耶稣里向我们所施的恩慈，显明给后来的世代看。"《以弗所书》2:10还补充说："我们原是他的工作，在基督耶稣里造成的，为要叫我们行善，就是 神所预备叫我们行的。"

先知经常被称为守望者或守卫。他们可以根据主当前的需要和旨意展示各种先知的恩膏。守望者"先见"的特征和功能可能会随着时节的变化而变化，也可能在较长一段的时间内保持不变。先见先知具有独特的能力，可以为了特定的目的看见、瞥见或凝视看不见的（永恒的）灵界。他们领受到的图像、图片和异象可能在深度、大小和强度上各不相同。通常，圣灵会以多层次的方式展开先知性信息和异象，揭示特定时刻所需的内容。你可以在《路加福音》1:11-22、《使徒行传》10:11-17和《使徒行传》22:17-18中阅读到更多相关的内容。

> 《民数记》12:3-6摩西为人极其谦和，胜过世上的众人。 4耶和华忽然对摩西、亚伦、米利暗说："你们三个人都出来到会幕这里。"他们三个人就出来了。 5耶和华在云柱中降临，站在会幕门口，召亚伦和米利暗，二人就出来了。 6耶和华说："你们且听我的话：你们中间若有先知，我耶和华必在异象中向他显现，在梦中与他说话。

> 《创世记》37:9 后来他又作了一梦，也告诉他的哥哥们说："看哪，我又作了一梦，梦见太阳、月亮与十一个星向我下拜。"

并非所有的先知都是先见，但所有的先知都被呼召成为守望者，在灵界中守护和立法。有些先知被特别地膏抹来保护、捍卫和守护政府和官员。还有一些先知经常有异梦和异象，知道尚未揭示的有关人或文化的未来事件和方向。也有一些先知有特殊的能力，可以远眺，侦察土地，以保护人们或更大的区域和领土。而有一些先知则一直坚守在自己的岗位上，从不离开，像哨兵一样时刻保持警戒，当敌人接近时发出警报。

先知类型的特征和功能

8种先见和守望者的先知性恩赐和恩膏

在本节中，你将找到有关十一种先知类型的研究，其中包含它们的希伯来语含义、描述和功能。当你阅读和研究每种先知类型时，你会注意到它们的相似之处，并发现作为先知，你可以同时在一种或多种先见恩赐中运行。

第一种类型的先见先知的希伯来语是（"SHAMAR"，音译：夏玛）。它的意思是"守望者"。H8104 SHÂMAR SHAW-MAR 守望者的希伯来语是 SHAW-MAR：意思是（用荆棘）把某物围起来，即守卫；一般指保护、照料等：-当心、谨慎、留意（自己）、守护（-的人，自己）、留心、仔细调查、观察、保护、注视、保留、拯救（自己）、确保、等待、守望（-者）。

请参见《诗篇》127:1，《诗篇》130:6，《以赛亚书》62:6，《雅歌》3:2-3。在《诗篇》121:4-8中，"保护"一词在这些经文中的含义是SHAMAR夏玛先知。SHAMAR夏玛先知的事工是做一名守望者来守护、保护特定的人，如官员和使徒。他们被驱使着用祷告和代祷来照料和遮盖那些与他们关系密切的领袖。他们也站在附近，警惕前方的危险，时刻留心周围的环境，随时准备为那些他们被召唤去服侍的特定领袖提供遮盖和保护。

第二种类型的先见先知是 H8245 SHÂQAD SHAW-KAD。希伯来语"WATCH"和"WATCHED"的词是 SHAW-KAD（音译：肖卡德）：意思是保持警惕，即永不停息的；因此要留意（无论是好是坏）：-加快、逗留、唤醒、守望。

请参见《耶利米书》31:28，《诗篇》102:7，《但以理书》9:14。SHAWKAD肖卡德先知具有高度的警觉性，时刻保持警惕，密切关注好与坏的情况。他们经常在其他人休息和睡觉时坚守在自己的岗位上，保持警醒。

第三种类型的先见先知是 H2374 CHÔZEH KHO-ZEH'。希伯来语"SEER"的词是（"CHOZEH"，音译：秋泽）。它的意思是"异象"。异象中的观看者；也指（被认可的）合约：协议、先知、先见、观星者。

请参见《撒母耳记下》24:11，《历代志下》12:15 易多，《历代志下》19:2 哈拿尼，《历代志下》29:25 拿单，《历代志下》29:30亚萨，《历代志下》35:15守门的亚萨、希幔和耶杜顿。《阿摩司书》7:12。CHOZEH秋泽先知专注地凝视灵界，经常领受异象。这些异象揭示了神对人、城市、领土和国家的旨意。

第四种类型的先见先知是 H7200 RÂ'ÂH RAW-AW'。希伯来语"SEE"的词是RA'AH（音译：啦啊）：意思是看见，建议，核准，分辨，凝视，视野和异象。

请参见《以赛亚书》6:10，《以西结书》12:2，《申命记》29:2-3，《诗篇》40:3。RA'AH啦啊先知有异象，并且具有更强的分辨、核准和建议的能力。

第五种类型的先见先知是 H7203 RÔ'EH RO-EH'。希伯来语"SEER"的词是RO-EH（罗娥），来自H7200；意思是先见（通常被如此翻译）；但也（抽象地）指一种确实且有建设性的，可以带出 神的旨意的异象：- 异象。这种先知类型主要是异象的先见。

请参见《撒母耳记上》9:9-18，《撒母耳记下》15:27，《以赛亚书》30:9-10。

第六种类型的先见先知是 H2335 CHÔZAY KHO-ZAH'EE。希伯来语"SEERS"的词是CHOZAY（音译：秋栽）：意思是有远见的人；先见和记录保管者。请参见《历代志下》33:18-19。CHOZAY秋栽先知也是一个领受异象的先知。这种先知也是一位抄写员，他们记录 神所说的和揭示的一切异象和事宜。

第七种类型的先见先知是 H6822 TSÂPHÂH TSAW-FAW。希伯来语"WATCHING"的词是TSAW-FAW（音译：多福）：意思是向前倾身，即凝视远方；暗示着观察，等待：- 注视，窥探，（很好地）仰望，等待，（保持）守望（-者）。请参见《创世记》31:49，《撒母耳记上》4:13，《撒母耳记上》14:16，《撒母耳记下》13:34，《列王记下》9:16-17 先知耶户。《以赛亚书》21:5-8，《耶利米书》6:16-17。TSAW-FAW多福先知是一个守望者，他们耐心等待，观察着每一个细节，并窥探整片土地。

第八种类型的先见先知是 H4931 MISHMERETH MISH-MEH'-RETH。希伯来语"WATCHES"的词是MISH-MEH'-RETH（音译：米什梅雷特）：意思是守望，即（守护）行动或（具体地）哨兵、岗哨；客观地是保护，或（具体地）安全；比喻地是遵守，职责，或（客观地）使用或一方：- 负责，保守，保持，职务，条例，保障，看守，守望。

请参见《创世记》26:5，《尼希米记》7:3，《列王记下》11:5。MISH-MEH'-RETH米什梅雷特先知是一名哨兵，其职责是保护 神殿中的重要职务和祂的条例、法规和政府。这类先知的主要功能是保护 神的政府。

先见恩膏是 神慷慨地赐予先知们的，它涵盖了广泛的功能和目的。这些彰显都是独特而个性化的，经过精心调整以符合每位先知对圣经的深刻理解、他们个人的见证，以及与主的亲密联系。许多先见先知通过圣灵的恩膏领受的异象都战略性地与被托付给他们的领土相联系，给他们提供深刻的洞见和启示以进一步促进 神的意图和指令的实现，即那些他们被呼召去释放和管理的。

那些能够有效地管理他们的恩赐和使命的先知可以体验与先知性先见领域相关的每个方面、宝藏和功能。先见恩膏并不局限于单一方面，而是可以根据圣灵在每个情况、任务和季节中的引导而变化。根据特定的时间和季节，先见可能会被呼召去观察、保护、窥探、保护、拔出、拆毁、栽种或建造。

3种说话、歌唱和讲道先知的类型及其功能

在希伯来语原文中，"先知"一词是"NAVI"（נביא）。在古代近东语言中，"NAVI"（"先知"）来源于动词"NABÛ"，意思是"宣告"或"宣布"。普通希伯来语的"先知"一词是"NABI"，源自于表示"涌出"的一个动词，类似于喷泉；因此，这个词的意思是宣告，或者是大量释放，神的宣告的人。英文单词源自希腊语的 PROPHETES（PROFETES），在古希腊语中，意指"代表他人说话的人，尤其是代表 神说话的人，还有向人类解释 神的心意"；因此，其基本含义是"传译者"。

第一种说话的先知是H5197 NÂṬAPH NAW-TAF'。希伯来语中"DROP"的词是NAW-TAF'，意思是渗出。比喻通过灵感说话：预言。NATAPH（音译：拿他拂）意指"传道"。参见：《以西结书》20:46，《以西结书》21:2，《阿摩司书》7:16，《弥迦书》2:6-11。NATAPH拿他拂先知携带着传道的恩膏，并通过 神的启示来发预言。

第二种说话的先知是H5012 NÂBÂ' NAW-BAW'。希伯来语"PROPHESY"和"PROPHESIED"的词是NABA'（音译：呐吧），意思是预言，即通过灵感（以预测或简单的交流）说话（或唱歌）：预言。

参见《撒母耳记上》9:9，《历代志上》25:1-5，《阿摩司书》7:12-13。NABA呐吧先知会预言、唱预言，并预测未来的事件。

第三种说话的先知是H5030 NÂBÎY' NAW-BEE' NABI。希伯来

语"PROPHET"的词源自H5012；意思是先知或（一般而言）受启发的人：- 预言，发预言的，先知。

参见《撒母耳记上》9:9，《历代志下》29:25，《历代志下》12:15。NAVI（音译：纳维）或NABU（音译：纳布）和NABI（音译：纳比）先知们宣布和宣告。NABI纳比先知像滔滔不绝的河水一样流淌出 神的话语。

被 神拣选的先知只会在圣灵的感动下说话。国度先知会表现出耐心，在他们开口之前先等待圣灵的行动和指示。在释放主的话语前，他们寻求与主的对话，并等待确认、灵里的见证和来自主的绿灯。这些先知明白人们需要时间和预备来接受和拥抱先知启示性的话语。

预言的四个层次

1. 通过预言的恩赐。 所有人都可以在鼓励、安慰和劝诫的范围内进行预言。这是认识 神话语和见证的基础第一层面。圣灵会激发和揭示隐藏的议程、错误的动机和方法。

安慰、鼓励、劝勉。

> 《使徒行传》13:15-16　读完了律法和先知的书，管会堂的叫人过去，对他们说："二位兄台，若有什么劝勉众人的话，请说。"16保罗就站起来，举手说："以色列人和一切敬畏 神的人，请听。

> 《使徒行传》15:30-33　他们既奉了差遣，就下安提阿去，聚集众人，交付书信。 31众人念了，因为信上安慰的话就欢喜了。 32犹大和西拉也是先知，就用许多话劝勉弟兄，坚固他们。 33住了些日子，弟兄们打发他们平平安安地回到差遣他们的人那里去。

> 《哥林多前书》14:3-4　但作先知讲道的，是对人说，要造就、安慰、劝勉人。 4说方言的，是造就自己；作先知讲道的，乃是造就教会。

2. 通过先知性的讲道和福音传道。 先知、领袖和教会（EKKLESIA）可以通过受启示的智慧和知识的言语来彰显 神的权能和威严。这也包括那些启示 神的目的和心意的先知性艺术、舞蹈和敬拜。圣灵通过知识和智慧的言语提供先知性的分辨、判断和引导，帮助个人按照 神的议程和时间表做出决定。

大卫王、先知迦得和拿单宣布赞美和敬拜的行动来恢复圣殿。《历代志下》29:25-30 王又派利未人在耶和华殿中敲钹、鼓瑟、弹琴，乃照大卫和他先见迦得，并先知拿单所吩咐的，就是耶和华藉先知所吩咐的。26 利未人拿大卫的乐器，祭司拿号，一同站立。27 希西家吩咐在坛上献燔祭。燔祭一献，就唱赞美耶和华的歌，用号，并用以色列王大卫的乐器相和。28 会众都敬拜，歌唱的歌唱，吹号的吹号，如此直到燔祭献完了。29 献完了祭，王和一切跟随的人都俯伏敬拜。30 希西家王与众首领又吩咐利未人用大卫和亚萨的诗词颂赞耶和华。他们就欢欢喜喜地颂赞耶和华，低头敬拜。

先知性福音传道证实和见证耶稣和福音。《使徒行传》1:8 "但圣灵降临在你们身上，你们就必得着能力；并要在耶路撒冷、犹太全地和撒玛利亚，直到地极，作我的见证。"

个人的先知性福音传道拯救和转变人们。这是耶稣在井旁遇见撒玛利亚妇人的故事。参见《约翰福音》4:4-42

先知性传道包含及时的"当下"话语，以表明 神的思想、目的和意图。先知性传道会激发听众的回应。

>《哥林多前书》2:4-5 我说的话、讲的道，不是用智慧委婉的言语，乃是用圣灵和大能的明证， 5叫你们的信不在乎人的智慧，只在乎 神的大能。

>《哥林多前书》2:13 并且我们讲说这些事，不是用人智慧所指教的言语，乃是用圣灵所指教的言语，将属灵的话解释属灵的。

预言带来先知性的审判。《使徒行传》5:3 彼得说："亚拿尼亚，为什么撒但充满了你的心，叫你欺哄圣灵，把田地的价银私自留下几分呢？

神赐予人类各种各样的恩赐。先知性艺术是另一种表达方式，可以揭示 神所说或所做的事。《雅各书》1:17 各样美善的恩赐和各样全备的赏赐都是从上头来的，从众光之父那里降下来的，在他并没有改变，也没有转动的影儿。

3. 预言来任命、治理、建造和击倒敌人。先知、领袖和教会都被赋予了能力来捆绑和释放、根除、栽种和建造、突破和拆毁坚固的营垒。他们可以委任和任命先知性的职务，或者接受先知性的外衣。这可以通过与圣灵和其他信徒合作来实现，拆除邪恶的门户和祭坛，建立公义的门户和祭坛。圣灵可以启示先知和领袖们充满力量和权柄的宣告和法令的话语来对抗神的敌人。他们甚至可以转变和改变当前的局势或周围的属灵氛围。

先知对政府领袖和国王说预言

> 《出埃及记》7:1-2 耶和华对摩西说："我使你在法老面前代替 神，你的哥哥亚伦是替你说话的。 2凡我所吩咐你，你都要说。你的哥哥亚伦要对法老说，容以色列人出他的地。"

这里，"替你说话的(YOUR PROPHET)"一词的希伯来语原文是"NEVIECHA"，与"NAWBEE"同义，意为发言人。一个很好的例子是摩西和亚伦被 神派遣作为大使去说话的时候。亚伦向国王法老预言、宣告和颁布了主的话。

扫罗被拣选成为国王的故事也是先知向政府权柄说话的另一个例子。 神通过先知撒母耳对扫罗王讲述了他的未来。

> 《撒母耳记上》9:15-19 扫罗未到的前一日，耶和华已经指示撒母耳说： 16"明日这时候，我必使一个人从便雅悯地到你这里来，你要膏他作我民以色列的君。他必救我民脱离非利士人的手；因我民的哀声上达于我，我就眷顾他们。" 17撒母耳看见扫罗的时候，耶和华对他说："看哪，这人就是我对你所说的，他必治理我的民。"18扫罗在城门里走到撒母耳跟前，说："请告诉我，先见的寓所在哪里？"19撒母耳回答说："我就是先见。你在我前面上邱坛去，因为你们今日必与我同席，明日早晨我送你去，将你心里的事都告诉你。

先知膏立君王和领袖进入职分。

撒母耳膏立扫罗为王，并在《撒母耳记上》10:5-7中说道：

> 此后你要到 神的山，在那里有非利士人的防兵。你到了城的时候，必遇见一班先知从邱坛下来，前面有鼓瑟的、击鼓的、吹笛的、弹琴的，他们都受感说话。6 耶和华的灵必大大感动你，你就与他们一同

受感说话，你要变为新人。7 这兆头临到你，你就可以趁时而作，因为 神与你同在。

神赋予扫罗另一颗心，他获得了预言的恩赐。

先知撒母耳膏立大卫王

《撒母耳记上》16:11-13 撒母耳对耶西说："你的儿子都在这里吗？"他回答说："还有个小的，现在放羊。"撒母耳对耶西说："你打发人去叫他来；他若不来，我们必不坐席。" 12耶西就打发人去叫了他来。他面色光红，双目清秀，容貌俊美。耶和华说："这就是他，你起来膏他。" 13撒母耳就用角里的膏油，在他诸兄中膏了他。从这日起，耶和华的灵就大大感动大卫。撒母耳起身回拉玛去了。

先知拆毁坚固的营垒并击杀 神的敌人。

以利沙膏立耶户为王，击杀亚哈和耶洗别。

《列王记下》9:1-8 先知以利沙叫了一个先知门徒来，吩咐他说："你束上腰，手拿这瓶膏油，往基列的拉末去。 2到了那里，要寻找宁示的孙子、约沙法的儿子耶户。使他从同僚中起来，带他进严密的屋子， 3将瓶里的膏油倒在他头上，说：'耶和华如此说：我膏你作以色列王。'说完了，就开门逃跑，不要迟延。"4 于是那少年先知往基列的拉末去了。 5到了那里，看见众军长都坐着，就说："将军哪，我有话对你说。" 耶户说："我们众人里，你要对哪一个说呢？" 回答说："将军哪，我要对你说。"6耶户就起来，进了屋子，少年人将膏油倒在他头上，对他说："耶和华以色列的 神如此说：'我膏你作耶和华民以色列的王。 7你要击杀你主人亚哈的全家，我好在耶洗别身上伸我仆人众先知和耶和华一切仆人流血的冤。 8亚哈全家必都灭亡；凡属亚哈的男丁，无论是困住的、自由的，我必从以色列中剪除，

大卫杀败非利士人。

《历代志上》 14:10-11 大卫求问 神，说："我可以上去攻打非利士人吗？你将他们交在我手里吗？"耶和华说："你可以上去，我必将他们交在你手里。" 11非利士人来到巴力毗拉心，大卫在那里杀败他们。

> 大卫说："神藉我的手冲破敌人，如同水冲去一般。"因此称那地方为巴力毗拉心。

雅哈悉向约沙法预言 神的指示，神击败了亚扪人、摩押人和西珥山的军队。

> 《历代志下》 20:14-22 那时，耶和华的灵在会中临到利未人亚萨的后裔、玛探雅的玄孙、耶利的曾孙、比拿雅的孙子、撒迦利亚的儿子雅哈悉。 15他说："犹大众人、耶路撒冷的居民和约沙法王，你们请听！耶和华对你们如此说：'不要因这大军恐惧惊惶，因为胜败不在乎你们，乃在乎 神。'

预言传递火与突破的话语。

> 《耶利米书》 23:28-29"得梦的先知，可以述说那梦；得我话的人，可以诚实讲说我的话。糠秕怎能与麦子比较呢？这是耶和华说的。" 29耶和华说："我的话岂不像火，又像能打碎磐石的大锤吗？"

4. 通过先知性立法预言。 通过先知性立法预言涉及向灵界表达受神所启发的法令和宣告，这可以激活神、人和祂的圣天使之间的共识，以实现 神对人类的计划。这种形式的预言是在世界上实现 神的旨意的强大工具。此外，其它受 神启示的神谕可能包括宣告审判、正义和和平，以影响人类。

在整个旧约和新约中，我们都能看到先知性立法的例子。在《申命记》4:1-2中摩西立法 神的话，教导以色列人要听从他所教导的律例和典章，这样他们就可以存活，并占领 神将要赐给他们的地。他还警告不可加添或删减 神的命令。后来，在《约书亚记》1:1-3中，约书亚继续立法 神的心意和计划，因为 神在摩西去世后对他说话，指示他带领以色列人进入 神应许赐给他们的地。在新约中，我们看到耶稣在《马太福音》22:37-40中通过教导最大的两条诫命来公开立法。他强调，尽心、尽性、尽意地爱 神，还有爱人如己，是所有律法和先知一切道理的基础。

<u>通过先知性立法预言是所有信徒与 神合作实现祂在地上旨意的一种方式。当我们将我们的祷告和宣告与 神的旨意对齐时，我们可以激活灵界，并实现祂对人类的计划。让我们拥抱这个强大的工具，并使用它在我们周围的世界中推进 神的国度。</u>

<u>在整个旧约和新约中，先知们用各种方式预言和立法 神的话语和旨意，以实现祂的目的。在《马太福音》16:19中，我们读到耶稣对彼得说的一句强有力的话，肯定了今天的基督追随者有同样的权柄来立法 神的国度。</u>

> 《马太福音》16:19 我要把天国的钥匙给你，凡你在地上所捆绑的，在天上也要捆绑；凡你在地上所释放的，在天上也要释放。"

这段经文充满了丰富的圣经意象和立法术语。"天国的钥匙"代表着我们可以进入 神的所有政府和权柄，在天上和地上执行祂的国度议程。作为基督的追随者，我们被赋予了捆绑和释放的权柄，这意味着我们的行动和决定有能力与 神对齐，在我们周围的世界执行祂的旨意。这个权柄不能被轻率地对待，而是应当带着敬畏和承诺接受，并好好地管理它。实质上，这节经文是在呼召所有的基督追随者进入 神赋予我们的权柄，承担起在地上推动祂的国度前进的责任。这是一个与 神合作的邀请，让我们通过祷告、顺服和行动来实现祂对人类的旨意和目的。当我们行使这个权柄时，我们可以确信我们的努力不会白费，因为我们是在与万王之王和万主之主保持一致。

> 《彼得前书》4:10-11 各人要照所得的恩赐彼此服侍，作 神百般恩赐的好管家。11 若有讲道的，要按着 神的圣言讲；若有服侍人的，要按着神 所赐的力量服侍，叫 神在凡事上因耶稣基督得荣耀。原来荣耀、权能都是他的，直到永永远远。阿们！

在希腊语原文中，"神谕(ORACLES)"的意思是：G3051 LOGION LOG'-EE-ON， 神的神圣话语。而 G3052 意思是 LOGIOS LOG'-EE-OS，口才流利的演说家。

> 《耶利米书》28:7-9 然而我向你和众民耳中所要说的话，你应当听！8从古以来，在你我以前的先知，向多国和大邦说预言，论到争战、灾祸、瘟疫的事。 9先知预言的平安，到话语成就的时候，人便知道他真是耶和华所差来的。"

上述的经文中"话语(WORD)"被提及两次，两次的意思都是来自H1696的DAW-BAWR'；间接地表示，（如所说的）忠告、建议、事务、商议、法令、审判、神谕、谈论承诺、供应、理由、报告或请求的目的。

《耶利米书》1:4-5 耶利米说，耶和华的话临到我说：5"我未将你造在腹中，我已晓得你；你未出母胎，我已分别你为圣；我已派你作列国的先知。"

《耶利米书》1:10 看哪，我今日立你在列邦列国之上，为要施行拔出、拆毁、毁坏、倾覆，又要建立、栽植。"

《以西结书》6:1-14 对以色列拜偶像的审判

《以西结书》29:2-3 "人子啊，你要向埃及王法老预言攻击他和埃及全地，3说主耶和华如此说：埃及王法老啊，我与你这卧在自己河中的大鱼为敌。你曾说：'这河是我的，是我为自己造的。'

《历代志下》15:6-8 这国攻击那国，这城攻击那城，互相破坏，因为 神用各样灾难扰乱他们。7现在你们要刚强，不要手软，因为你们所行的，必得赏赐。"8亚撒听见这话，和俄德儿子先知亚撒利雅的预言，就壮起胆来，在犹大便雅悯全地，并以法莲山地所夺的各城，将可憎之物尽都除掉；又在耶和华的廊前，重新修筑耶和华殿的坛。

那些妥善管理自己的恩赐、使命、职位和权柄的国度先知将会得到更多，承担更多，并被托付更多。顺服和信实是先知性事工中促进成长和成熟的基本国度原则。预言的11个层次中的每一层都包含有效实施和管理先知性恩赐所需要的不同程度的信心、顺服、责任、监督和可信度。

下一个章节中充满了研究和圣经参考，列出了旧约和新约先知、先知类型，以及每个先知的具体角色。

旧约四大先知和十二小先知的名单

四大先知：以赛亚、耶利米、以西结和但以理。
十二小先知：何西阿、约珥、阿摩司、俄巴底亚、约拿、弥迦、那鸿、哈巴谷、西番雅、哈该、撒迦利亚和玛拉基。

旧约真先知们的名单

旧约先知们的名字。挪亚（《希伯来书》11:7），雅各（《创世记》28:10-

22），约瑟（《创世记》37:3-11），摩西（《出埃及记》3），亚伦（《出埃及记》7:1-11），米利暗（《出埃及记》15:20），七十个长老（《民数记》11:25），伊利达和米达（《民数记》11:26），巴兰（《民数记》22:35），约书亚（《约书亚记》1:1-9），底波拉（《士师记》4:4），基甸（《士师记》6:1-14），拿单（《撒母耳记下》7:2-3），祭司撒督（《撒母耳记下》15:27），大卫（《诗篇》110:1-7），亚萨（《历代志下》29:30），大卫的圣乐人员（《历代志上》25:1-5），示玛雅和易多（《历代志下》12:15），哈拿尼（《历代志下》19:7），雅哈悉（《历代志下》20:14-15），俄德（《历代志下》28:9），希西家（《列王纪下》20:14-20），乌利亚（《耶利米书》26:20），以诺、以利亚、以利沙、耶户和迦得。

新约真先知们的名单

新约先知们的名字：施洗约翰、耶稣、亚拿（《路加福音》2:36），巴拿巴、古利奈人路求、马念和西面尼结（《使徒行传》13:1），犹大和西拉（《使徒行传》15:32），腓利的四个女儿（《使徒行传》21:8-9），亚迦布（《使徒行传》21:10），使徒约翰（《启示录》作者）。

旧约和新约假先知们的名单

假先知的名字：基拿拿的儿子西底家（《列王记上》22:1-12），哈拿尼雅（《耶利米书》28），哥赖雅的儿子亚哈和玛西雅的儿子西底家（《耶利米书》29:21），行邪术的西门（《使徒行传》8:9-11），名叫巴耶稣的以吕马（《使徒行传》13:6-8），被巫鬼所附的使女（《使徒行传》16:16-18）和耶洗别（《启示录》2:20）。

附加个人学习笔记：以下所有要点均为经文参考，用于进一步地研习先知以及他们所代表的具体功能和类型。

- 《撒母耳记上》9:9（以前以色列中，若有人去问 神，就说我们问先见去吧！现在称为先知的，以前称为先见。）

"先见"在这里的意思：源自H7200的 RÂ'ÂH RAW-AW' 一个原始词根；看见，自我劝告，核准，分辨，凝视，看，视野，异象。

"先知"在这里的意思：源自 H5012的NÂBÎY' NAW-BEE'；先知或（一般而言）受启示的人：- 预言，发预言的。

- 《撒母耳记下》 24:11 大卫早晨起来，耶和华的话临到先见迦得，就是大卫的先见，说，CHÔZEH KHO-ZEH'。 H2372；异象中的观看者；也指（被认可的）合约：- 协议，先知，看到那个，先见，观星者。

- 《历代志上》 25:1-5 大卫和众首领分派亚萨、希幔并耶杜顿的子孙弹琴、鼓瑟、敲拔、唱歌（"唱歌"原文作"说预言"。）他们供职的人数记在下面：亚萨的儿子撒刻、约瑟、尼探雅、亚萨利拉都归亚萨指教，尊王的旨意唱歌。 耶杜顿的儿子基大利、西利、耶筛亚、哈沙比雅、玛他提雅、示每，共六人，都归他们父亲耶杜顿指教，弹琴、唱歌、称谢、颂赞耶和华。

本文中的说预言（"PROPHESY" 和 "PROPHESIED"）指的是：H5012 NÂBA" NAW-BAW' 一个原始词根；预言，即通过灵感（以预测或简单的交流）说话（或唱歌）：-预言，使成为一名先知。

- 《撒母耳记下》 15:27 王又对祭司撒督说："你不是先见吗？你可以安然回城。你儿子亚希玛斯和亚比亚他的儿子约拿单，都可以与你同去。"

这三位先知都是先见H7200 RA" ÂH RAW-AW' 一个原始词根；看见，自我劝告，核准，分辨，凝视，看，视野，异象。

- 《历代志下》 29:25 王又派利未人在耶和华殿中敲钹、鼓瑟、弹琴，乃照大卫和他先见迦得，并先知拿单所吩咐的，就是耶和华藉先知所吩咐的。

H5030 NÂBÎY' NAW-BEE' 先知或（一般而言）受启发的人：- 预言，预言涌出来。

- 《历代志下》 35:15 歌唱的亚萨之子孙，照着大卫、亚萨、希幔和王的先见耶杜顿所吩咐的，站在自己的地位上。守门的看守各门，不用离开他们的职事，因为他们的弟兄利未人给他们预备祭物。

先见先知：H2374 CHÔZEH KHO-ZEH' 异象中的观看者；也指（被认可的）合约：-协议、先知、看到那个、先见、观星者。

- 《列王纪下》 17:13 但耶和华藉众先知、先见劝戒以色列人和犹大说："当离开你们的恶行，谨守我的诫命律例，遵行我吩咐你们列祖，并藉着我仆人众先知所传给你们的律法。"

先见先知：H2374 CHÔZEH KHO-ZEH' 异象中的观看者；也指（被认可的）合约：-协议、先知、看到那个、先见、观星者。

- 《历代志下》 16:7-10 那时，先见哈拿尼来见犹大王亚撒，对他说："因你仰赖亚兰王，没有仰赖耶和华你的 神，所以亚兰王的军兵脱离了你的手。古实人、路比人的军队不是甚大吗？战车马兵不是极多吗？只因你仰赖耶和华，他便将他们交在你手里。耶和华的眼目遍察全地，要显大能帮助向他心存诚实的人。你这事行得愚昧，此后，你必有争战的事。"

先见：H7203 RO'EH RO-EH' H7200；先见（通常被如此翻译）；但也（抽象地）指是一个异象：- 异象。

- 《历代志下》 33:18 玛拿西其余的事和祷告他 神的话，并先见奉耶和华以色列 神的名警戒他的言语，都写在以色列诸王记上。

先见：H2374 CHÔZEH KHO-ZEH' 异象中的观看者；也指（被认可的）合约：-协议、先知、看到那个、先见、观星者。

- 《以赛亚书》 30:10 他们对先见说："不要望见不吉利的事"，对先知说："不要向我们讲正直的话，要向我们说柔和的话，言虚幻的事。"

先见在这里的意思：H7200 RA'ÂH RAW-AW' 一个原始词根；看见，自我劝告，核准，分辨，凝视，看，视野，异象。

先知在这里的意思：H2374 CHÔZEH KHO-ZEH' 异象中的观看者；也指（被认可的）合约：-协议、先知、看到那个、先见、观星者。

- 《阿摩司书》7:12-13 亚玛谢又对阿摩司说："你这先见哪，要逃往犹大地去，在那里糊口，在那里说预言。却不要在伯特利再说预言；因为这里有王的圣所，有王的宫殿。"

先见在这里的意思：H2374 CHÔZEH KHO-ZEH' 异象中的观看者；也指（被认可的）合约：-协议、先知、看到那个、先见、观星者。

预言在这里的意思：H5012 NÂBA" NAW-BAW' 一个原始词根；预言，即通过灵感（以预测或简单的交流）说话（或唱歌）：-预言，使成为一名先知。

- 《撒母耳记上》9:11-14 他们上坡要进城，就遇见几个少年女子出来打水，问她们说："先见在这里没有？"女子回答说："在这里。他在你们前面，快去吧！他今日正到城里，因为今日百姓要在邱坛献祭。在他还没有上邱坛吃祭物之先，你们一进城必遇见他，因他未到，百姓不能吃，必等他先祝祭，然后请的客才吃。现在你们上去，这时候必遇见他。"

先见在这里的意思：H7200 RA"ÂH RAW-AW' 一个原始词根；看见，自我劝告，核准，分辨，凝视，看，视野，异象。

- 《历代志上》9:22 被选守门的人共有二百一十二名，他们在自己的村庄，按着家谱计算，是大卫和先见撒母耳所派当这紧要职任的。

先见在这里的意思：H7203 RO"EH RO-EH' 先见（通常被如此翻译）；但也（抽象地）指是一个异象：- 异象。

- 《历代志上》26:28 先见撒母耳、基士的儿子扫罗、尼珥的儿子押尼珥、洗鲁雅的儿子约押所分别为圣的物，都归示罗密和他的弟兄掌管。

先见在这里的意思：H7203 RO"EH RO-EH' 先见（通常被如此翻译）；但也（抽象地）指是一个异象：- 异象。

- 《历代志上》29:29 大卫王始终的事，都写在先见撒母耳的书上和先知拿单并先见迦得的书上。

先见在这里的意思：H7203 RO'EH RO-EH' 先见（通常被如此翻译）；但也（抽象地）指是一个异象：- 异象。

- 《历代志下》29:30 希西家王与众首领又吩咐利未人用大卫和先见亚萨的诗词颂赞耶和华。他们就欢欢喜喜地颂赞耶和华，低头敬拜。

先见在这里的意思：H2374 CHÔZEH KHO-ZEH' 异象中的观看者；也指（被认可的）合约：-协议、先知、看到那个、先见、观星者。

- 《历代志下》33:18-19 玛拿西其余的事和祷告他 神的话，并先见奉耶和华以色列 神的名警戒他的言语，都写在以色列诸王记上。他的祷告，与 神怎样应允他，他未自卑以前罪愆过犯，并在何处建筑邱坛，设立亚舍拉和雕刻的偶像，都写在何赛的书上。

先见在这里的意思：H2374 CHÔZEH KHO-ZEH' 异象中的观看者；也指（被认可的）合约：-协议、先知、看到那个、先见、观星者。第19节中的先见：H2335 CHÔZAY KHO-ZAH'EE 具有异象的人；CHOZAI，以色列人：- 先见。

- 《历代志下》9:29 所罗门其余的事，自始至终，不都写在先知拿单的书上和示罗人亚希雅的预言书上，并先见易多论尼八儿子耶罗波安的默示书上吗？

先知在这里的意思：源自H5012的H5030 NÂBÎY' NAW-BEE'；先知或（一般而言）受启发的人：- 预言，发预言的，先知。先见在这里的意思：H2374 CHÔZEH KHO-ZEH' 异象中的观看者；也指（被认可的）合约：-协议、先知、看到那个、先见、观星者。

- 《历代志下》12:15 罗波安所行的事，自始至终，不都 写在先知示玛雅和先见易多的史记上吗？

先知在这里的意思：源自H5012的H5030 NÂBÎY' NAW-BEE'；先知或（一般而言）受启发的人：- 预言，发预言的，先知。

先见在这里的意思：H2374 CHÔZEH KHO-ZEH' 异象中的观看者；也指（被认可的）合约：-协议、先知、看到那个、先见、观星者。

- 《以赛亚书》29:10 因为耶和华将沉睡的灵浇灌你们，封闭你们的眼，蒙盖你们的头。你们的眼就是先知，你们的头就是先见。

先知在这里的意思：H5030 先见：H2374

- 《弥迦书》3:5-7 先见必抱愧，占卜的必蒙羞，都必捂着嘴唇，因为神不应允他们。

先知：H5030 和 先见：H2374

- 《历代志上》25:1-5 这都是希幔的儿子，吹角颂赞。希幔奉 神之命作王的先见。 神赐给希幔十四个儿子、三个女儿。

预言：H5012 和音乐，先见：H2374

- 《阿摩司书》7:12 亚玛谢又对阿摩司说："你这先见哪，要逃往犹大地去，在那里糊口，在那里说预言。

预言在这里的意思：H5012 和音乐，先见：H2374

- 《撒母耳记上》9:9 （以前以色列中，若有人去问 神，就说我们问先见去吧！现在称为先知的，以前称为先见。）

先知在这里的意思：H5030 ；先见在这里的意思：H7200 RAʾÂH RAW-AW' 一个原始词根；看见，自我劝告，核准，分辨，凝视，看，视野，异象。

根据 神的话语和祂国度的原则来评估所有的先知性话语、异象和梦境是至关重要的。那些勤勉地研读圣经并与主培养亲密关系的人将对未来的事物有更深的洞察力和理解力，使他们能够更准确地分辨和听见圣灵在每个季节所说所做的一切。通过妥善地管理先见的恩赐，国度先知可以带来清晰度和异象，获得更多的启示来实现 神在他们和他人的生活中的旨意。

然而，我们必须记住，我们的主要目标不是寻求异象或超自然的经历，而是寻求主自己。当我们寻求祂并与祂培养更深的关系时，祂就会启示超自然的现象来成就祂的旨意。这就是为什么我们必须扎根于祂的话语和祂的品格，敞开心扉地接受祂的引导和指示。

通过寻求主，我们可以将我们的心与祂的计划和旨意对齐，将祂的国度带到地上。当我们与祂合作，并管理好祂给予给我们的恩赐时，我们可以为先知性领域带来更深的理解和洞察，使我们能够更准确地分辨和听见圣灵在每个季节所说所做的一切。让我们继续追求与主的亲密关系，用智慧和明辨来管理我们的恩赐，将祂的国度带到地上，并实现祂对我们和我们周围的人生命的旨意。

> 《诗篇》27:4 有一件事，我曾求耶和华，我仍要寻求：就是一生一世住在耶和华的殿中，瞻仰他的荣美，在他的殿里求问。

在《史特朗圣经汇编》中，"瞻仰(BEHOLD)"一词的意思是：H2372 CHÂZÂH, KHAW-ZAW。一个原始的词根；注视；精神上感知、（愉快地）思考；特别是拥有某种异象：- 瞻仰，观看，预言，提供或看见。

在《以西结书》第一章中，以西结看见了 神的宝座室。在《以西结书》37章，以西结看见了枯骨，然后还看见它们复活。

> 仅仅瞥见和真正凝视灵界之间存在明显的区别。 神呼召先见超越最初的异象或信息，深入研究每一个展开的异象，以获得更深的理解和启示。通常，先知可能会满足于异象的初始部分并停在那里。然而，圣灵渴望持续的交流，并热切期待我们追求对原始信息更深的理解和洞察。国度先知必须愿意付出更多的努力，与 神对话以发现更多，理解更多，并积极参与正在被揭示的事情。然后，顺服 神所传达的内容是极其重要的。

> 《以西结书》40:4 那人对我说："人子啊，凡我所指示你的，你都要用眼看，用耳听，并要放在心上。我带你到这里来，特为要指示你，凡你所见的，你都要告诉以色列家。"

> 《阿摩司书》7:8 耶和华对我说："阿摩司啊，你看见什么？"我说："看见准绳。"主说："我要吊起准绳在我民以色列中，我必不再宽恕他们。

> 《阿摩司书》8:2 他说："阿摩司啊，你看见什么？"我说："看见一筐夏天的果子。"耶和华说："我民以色列的结局到了，我必不再宽恕他们。"

《哥林多后书》4:18 原来我们不是顾念所见的，乃是顾念所不见的；因为所见的是暂时的，所不见的是永远的。

还请参见《耶利米书》1:7-19和《撒迦利亚书》5:1-11。

第十一章

国度先知兴起

神寻找忠心且值得信赖的人，他们会孜孜不倦地寻求祂的同在。这些先知性的个体在面对逆境时能坚定不移，勇敢地占领摆在他们面前的土地。他们明白时间、牺牲、顺服、委身和勤奋在塑造敬虔的品格时的重要性。这样的先知在接受和参与转变的过程的同时，甘愿经受试炼的火。

这些国度的先知站在破口上，鼓励他人经历更高层次的启示和与主更深的亲密关系。他们教导他人如何通过 神的话语和他们自己的见证来聆听圣灵的声音。此外，他们对周围的环境，和 神及祂国度的超自然方式有着更敏锐的认识。他们知道自己的位置和权威，不会被敌人的诡计所吓倒。这些先知与代祷者和领袖们密切合作，勇敢地拆毁在人和领地上的不敬虔的邪恶门户、营垒和争论，他们始终由圣灵引导，并行走在祂的权柄中。作为基督的精兵，他们知道何时参与战斗，何时呼叫援兵。他们不被今生的事务缠绕，而是取悦那位召他们的主。

> 《哥林多后书》10:3-5　因为我们虽然在血气中行事，却不凭着血气争战。 4我们争战的兵器，本不是属血气的，乃是在 神面前有能力，可以攻破坚固的营垒， 5将各样的计谋，各样拦阻人认识 神的那些自高之事一概攻破了，又将人所有的心意夺回，使他们都顺服基督。

《提摩太后书》2:3-4 你要和我同受苦难，好像基督耶稣的精兵。 4凡在军中当兵的，不将世务缠身，好叫那招他当兵的人喜悦。

国度先知全心投入于他们的使命，自信地行走在他们的命定中，并在他们的权柄位置上运作。他们明白恩膏与权柄是密切联系的。随着他们对 神使用他们的超自然方式的认识加深，他们对周围发生的神圣安排和无法解释的事件保持敏感。当机会出现，神圣的安排揭示时，国度先知会将耳朵转向圣灵，热切地聆听关于他们的下一组指示。

这些先知充分了解自己的等级，并作为 神军队中的士兵行事，大胆地宣告 神的国将要在地上释放。他们通过伟大的作为、奇迹、神迹和奇事来见证并体验 神的力量，使他们原本就强有力的见证更加丰富。在《哥林多前书》4:19-20中，使徒保罗写道："然而主若许我，我必快到你们那里去；并且我所要知道的，不是那些自高自大之人的言语，乃是他们的权能。20因为 神的国不在乎言语，乃是他们的权能。"国度先知明白，他们的信息不仅仅是言语，而是 神权能的展示。通过他们的恩膏和权柄，他们在圣灵的带领下宣讲 神的国，并见证 神的权能改变周围人的生命。

《哥林多前书》4:19-20 然而主若许我，我必快到你们那里去；并且我所要知道的，不是那些自高自大之人的言语，乃是他们的权能。 20因为 神的国不在乎言语，乃是他们的权能。

《哥林多前书》2:4-5 我说的话，讲的道，不是用智慧委婉的言语，乃是用圣灵和大能的明证， 5叫你们的信不在乎人的智慧，只在乎 神的大能。

当与 神亲密和接近时，先知启示性的声音就会流淌以实现祂的旨意。 神渴望通过直接对人们内心的问题说话来影响他们的生命。由祷告和恩膏引导的先知性启示将改变属灵的氛围。一句来自 神的及时的话语可以给死寂的情况注入生命，复兴灵魂，并激活命定。

国度先知积极地寻求、询问和祷告 神对他们遇见的每一个人的心意。他们以国度的眼光看待人类，满有恩典和怜悯。这些先知了解时代的紧迫性，努力使每一个神圣的安排都具有意义。他们是天国的使者，渴望每个人都能与主耶稣有真实的相遇。这些先知认识到他们所说的每一句话都承担着巨大的责任和义务，他们最大的恐惧是误传主的信息，并徒劳地预言。

> 《哥林多前书》2:10-14 只有 神藉着圣灵向我们显明了，因为圣灵参透万事，就是 神深奥的事也参透了。 11除了在人里头的灵，谁知道人的事？像这样，除了 神的灵，也没有人知道 神的事。 12我们所领受的，并不是世上的灵，乃是从 神来的灵，叫我们能知道 神开恩赐给我们的事。 13并且我们讲说这些事，不是用人智慧所指教的言语，乃是用圣灵所指教的言语，将属灵的话解释属灵的事。 14然而，属血气的人不领会 神圣灵的事，反倒以为愚拙，并且不能知道，因为这些事惟有属灵的人才能看透。

在圣经中，产业的概念具有重要意义，特别是在国度先知中，他们理解其与人、使命和命定的重要关系。产业不仅仅指的是从一代传承给另一代的土地和财产，还包括 神为祂的"儿女们"预备的属世和属灵的恩赐。正是通过人们，我们的产业才能真正发光，因为他们是与之相连的最宝贵的财富，是蛀虫和铁锈都无法摧毁的。事实上，人们是永远不会消逝的财富。

当我们从 神那里领受到及时的话语，尤其是在正确的季节，它会点燃我们与圣灵有更亲密关系的渴望，对 神的国度有更大热情的追求。这样的启示激励和鼓舞我们去实现命定，并完成我们的使命。此外，它们为我们打开门户，使我们作为 神国度的继承人来领受我们的属灵产业。正如《以弗所书》1:11所说："我们也在他里面得了基业，这原是那位随己意行作万事的，照着他旨意所预定的。"这提醒我们，我们的产业不是通过我们自己的努力获得的，而是通过对 神的信心和信任领受的礼物。

> 《以弗所书》1:17-19 求我们主耶稣基督的 神，荣耀的父，将那赐人智慧和启示的灵赏给你们，使你们真知道他。 1并且照明你们心中的眼睛，使你们知道他的恩召有何等指望，他在圣徒中得的基业有何等丰盛的荣耀； 19并知道他向我们这信的人所显的能力是何等浩大，就是照他在基督身上所运行的大能大力，

 神正在呼召祂的国度先知和领袖们比以往任何时候都更加追求祂的同在。这些人是"国度思想者"和"国度行动者"，他们正在逐渐转变成我所称为的"国度存在者"，或越来越像耶稣基督的。我们必须认识到， 神要向我们启示的事情比我们能想象的要多得多。

最近，我观察到，先知们正在更深和更深刻的层次经历先见恩赐。此外，先知性艺术正在变得越来越普遍，阐明了 神对祂儿女们的创造性思想。 神传达祂旨意的方式是无限的。当我们将心思意念归向主时，我们必然会

经历祂更多的同在，见证祂更多的恩慈、爱、管教、公义和审判。正如《哥林多前书》2:9-16提醒我们的，"如经上所记：'神为爱他的人所预备的，是眼睛未曾看见，耳朵未曾听见，人心也未曾想到的。'10 只有 神藉着圣灵向我们显明了，因为圣灵参透万事，就是 神深奥的事也参透了。"这段经文有力地提醒我们，神为那些恳切寻求祂的人预备了丰富的祝福。通过祂的灵，祂揭示祂计划、旨意和启示的深度，这些都是为了建立我们的信心，使我们更加亲近耶稣。

国度先知并不寻求他人的认可或确认，因为他们已经在 神所赋予他们的位置和使命中获得了安全感。他们愿意跟随主的带领去往任何地方，并且确信他们的未来已经被计划好了。他们的优先事项是与圣灵同行，然后是关心他人和基督身体的属灵健康。他们说话的目的是鼓励、启发和劝勉他人，总是致力于帮助人们以全新而深刻的方式经历 神。教导他人如何聆听和经历 神的声音是他们的热情所在。

国度先知渴望与 神的子民建立有意义的关系，因为他们知道 神正在建立团队事工，而不是自我宣传的事工。国度先知总是随时准备好站在城墙上，在被呼召时，挺身而出，保卫自己的社区、城市、州和国家。

神正在呼召先知和领袖们团结起来，与支持使徒模式和使命的地方教会和其他事工建立合作关系。这些使徒、先知、代祷者和领袖团队在一起可以形成富有成效的枢纽，建立健康的关系和成功的社区，最终促进 神的国度在地上的扩展。通过这些合作关系，教会将能够更多地经历 神的荣耀，因为它致力于将当前的文化转向一个更健康、更以基督为中心的方向。

第十二章

先知的重要意义

神的计划、目的和策略是向那些信靠并相信祂无限智慧、力量、权柄、威严的同在和父性的人显明的。国度先知在实现 神的计划中起着至关重要的作用，他们激励人们走向他们的命定和目的。通过先知，神有时可能会揭示秘密和奥秘，以加强、点燃并赋予祂的子民力量，使他们对自己的使命充满信心。当先知通过信心和顺服寻求 神时，属灵的领域开始展现，揭示有关周围隐形世界的洞见和启示。这种对黑暗的曝光释放人们来经历 神国度的光，显明 神渴望拯救和转化人类的心意。随着教会为耶稣的再来做准备，先知在塑造教会的未来中扮演着关键角色。

圣经中充满了 神如何向祂的先知启示祂的秘密的例子，其中包括《阿摩司书》3:7，它提到主耶和华若不将奥秘指示给他的仆人众先知，就一无所行。《但以理书》2:21-22提醒我们，神改变时候、日期、废王、立王，显明深奥隐秘的事。在《以弗所书》3:4-5中，我们看到 神已经向祂的圣使徒和先知启示了基督的奥秘，这在以前的世代没有叫人知道。还有在《哥林多前书》2:13-14中，我们了解到圣灵将属灵的事指教给寻求祂的人，但属血气的人却不能领会，因为这些事惟有属灵的人才能看透。

> 《阿摩司书》3:7　主耶和华若不将奥秘指示他的仆人众先知，祂一无所行。

《但以理书》2:21-22 他改变时候、日期，废王、立王，将智慧赐与智慧人，将知识赐与聪明人。 22祂显明深奥隐秘的事，知道暗中所有的，光明也与他同居。

《以弗所书》3:4-5 你们念了，就能晓得我深知基督的奥秘， 5这奥秘在以前的世代没有叫人知道，像如今藉着圣灵启示他的圣使徒和先知一样。

《哥林多前书》2:13-14 并且我们讲说这些事，不是用人智慧所指教的言语，乃是用圣灵所指教的言语，将属灵的话解释属灵的事。 14 然而，属血气的人不领会 神圣灵的事，反倒以为愚拙，并且不能知道，因为这些事惟有属灵的人才能看透。

先知向人类传达 神的信息

先知扮演着关键的角色，他们不仅是 神的使者传达祂的计划和策略，还通过先知性传福音，充当 神的代言人，呼吁人们悔改，教导他们敬虔的忠告和公义的生活。在叛逆和不顺服盛行的情况下，先知可能会说出审判或纠正的话，警告 神的子民他们行为的后果。通过正确的管理劝勉并从父亲的心和角度说话，国度先知可以为悔改、拯救、恢复和转变奠定基础。

正如我们在《列王纪下》17:13中所看到的，主耶和华通过祂的先知劝诫以色列和犹大，呼吁他们离开恶行，遵行祂的律例和诫命。同样，在《使徒行传》3:19-21中，我们被劝勉要悔改归正，使我们的罪得以涂抹，并且那安舒的日子将从主的面前来到。此外，《使徒行传》15:32向我们展示了像犹大和西拉这样的先知，他们用许多鼓励的话劝勉和坚固弟兄们。

《列王纪下》17:13 但耶和华藉众先知、先见劝诫以色列和犹大人说："当离开你们的恶行，遵守我的诫命律例，遵行我所吩咐你们列祖，并藉着我仆人众先知所传给你们的律法。"

《使徒行传》3:19-21 所以你们当悔改归正，使你们的罪得以涂抹。这样，那安舒的日子就必从主面前来到， 20主也必差遣所预定给你们的基督耶稣降临。 21天必留他，等到万物复兴的时候，就是 神从创世以来，藉着圣先知的口所说的。

> 《使徒行传》15:32　犹大和西拉也是先知，就用许多话劝勉弟兄，坚固他们。

当 神在运作时，先知们与祂对齐，他们了解自己所处的季节和时间。今天，使徒、先知和其他领袖们也对时间和季节有着深刻的理解，并在他们的事工中与圣灵合作，在任何时候任何季节都对圣灵的带领和方向保持敏感。《但以理书》2:21-22提醒我们， 神改变时候和日期，并将智慧和知识赐给那些寻求祂的人。祂显明深奥隐秘的事，甚至知道黑暗中的事物。《哥林多前书》2:10-12告诉我们，只有通过圣灵我们才能够明白 神深奥的事。只有 神的灵才能向我们启示祂国度的奥秘。因为我们已经领受了 神的灵，我们可以知道祂白白赐给我们的事。

> 《哥林多前书》2:10-12　只有 神藉着圣灵向我们显明了，因为圣灵参透万事，就是 神深奥的事也参透了。 11除了在人里头的灵，谁知道人的事？ 像这样， 除了 神的灵，也没有人知道 神的事。 12 我们所领受的，并不是世上的灵，乃是从 神来的灵，叫我们能知道 神开恩赐给我们的事。

另请参见：《诗篇》25:14，《约伯记》12:22，《以弗所书》3:5，《罗马书》16:25-27。

先知们为耶稣基督的再来预备道路。先知们在为耶稣基督的再来预备道路方面发挥了重要作用。通过他们的先知性事工，他们宣告了弥赛亚的到来和祂再来前会发生的事件。他们警告人们罪的后果，并敦促他们悔改归向 神。他们也鼓励和安慰 神的子民，确保他们知道祂的慈爱与信实。先知性的话语就像一盏指路明灯，照亮跟随者的道路，为基督的再来铺平道路。

> 《马太福音》3:1-3　那时，有施洗的约翰出来，在犹太的旷野传道，说：2"天国近了，你们应当悔改！"3这人就是先知以赛亚所说的，他说："在旷野有人声喊着说：'预备主的道，修直他的路！'"

先知们预备 神的子民成为基督的新妇。先知们在预备 神的子民成为基督新妇的方面发挥着至关重要的作用。他们可以提供额外的属灵指导和见解，帮助信徒在信仰和与 神的关系中成长，引导他们过上讨祂喜悦的生活。通过他们的先知性话语，他们鼓励信徒洁净自己，随时准备好迎接主的到来。在圣灵的帮助和引导下，他们会教导有关属灵的恩赐、祷告的重要性和圣灵的能力。本质上，先知们装备并赋能教会，使其能够实现作为基督新妇的命定和目的，成为圣洁、无可指摘、无瑕疵的，走在纯洁中，通过他们的生活方式来尊荣主。

《帖撒罗尼迦前书》5:19-23 不要消灭圣灵的感动， 20不要藐视先知的讲论。 21但要凡事察验，善美的要持守。 22各样的恶事要禁戒不作。 23愿赐平安的 神亲自使你们全然成圣。又愿你们的灵与魂与身子得蒙保守，在我们主耶稣基督降临的时候，完全无可指摘。

《哥林多前书》1:5-9 又因你们在他里面凡事富足，口才、知识都全备。 6正如我为基督作的见证在你们心里得以坚固， 7以致你们在恩赐上没有一样不及人的，等候我们的主耶稣基督显现。 8他也必坚固你们到底，叫你们在我们主耶稣基督的日子无可责备。 9 神是信实的，你们原是被他所召，好与他儿子我们的主耶稣基督一同得份。

《以弗所书》5:27 可以献给自己，作个荣耀的教会，毫无玷污、皱纹等类的病，乃是圣洁没有瑕疵的。

《彼得后书》3:14 亲爱的弟兄啊，你们既盼望这些事，就当殷勤，使自己没有玷污，无可指摘，安然见主。

《犹大书》1:24-25 那能保守你们不失脚，叫你们无瑕无疵、欢欢喜喜站在他荣耀之前都我们的救主独一的 神， 25愿荣耀、威严、能力、权柄，因我们的主耶稣基督归与他，从万古以前并现今，直到永永远远。阿们！

先知们不仅是代祷者，也是守望者，守护城市并警告即将来临的危险。他们拥有属灵的分辨能力，能够看到超越自然界可见的事物。他们能够识别并揭露敌人的诡计，引导 神的子民到安全与得胜的地方。他们也被呼召站在 神和人之间的破口上，为他们的社区、国家和世界祷告和代祷。通过他们的祷告，他们释放 神的能力，为个人和社会带来医治、恢复和改变。作为守望者，当他们看到敌人逼近时，他们会拉响警报，并呼吁 神的子民采取行动，准备战斗。他们是基督身体的重要组成部分，在推进 神的国度在地上扩展时发挥着关键作用。

《耶利米书》27:18 他们若果是先知，有耶和华的话临到他们，让他们祈求万军之耶和华，

《诗篇》127:1 若不是耶和华建造房屋，建造的人就枉然劳力；若不是耶和华看守城池，看守的人就枉然警醒。

《以西结书》3:17"人子啊，我立你作以色列家守望的人，所以你要听我口中的话，替我警戒他们。

国度先知具备分辨自然界活动的能力，并利用这种理解力来对属灵氛围说话，释放 神在灵界和地上的旨意。

《历代志上》16:23-24 全地都要向耶和华歌唱，天天传扬他的救恩。24要列邦中述说他的荣耀，在万民中述说他的奇事。

《诗篇》40:5-10 耶和华我的 神啊，你所行的奇事，并你向我所怀的意念甚多，不能向你陈明；若要陈明，其事不可胜数。 6祭物和礼物，你不喜悦，你已经开通我的耳朵。燔祭和赎罪祭非你所要。 7那时我说："看哪，我来了！我的事在经卷上已经记载了。 8我的 神啊，我乐意照你的旨意行，你的律法在我心里。"9我在大会中宣传公义的佳音，我必不住我的嘴唇。耶和华啊，这是你所知道的。 10我未曾把你的公义藏在心里，我已陈明你的信实和你的救恩。我在大会中未曾隐瞒你的慈爱和诚实。

《以赛亚书》42:9看哪，先前的事情已经成就，现在我将新事说明，这事未发以先，我就说给你们听。"

《诗篇》2:7-11 受膏者说："我要传圣旨。耶和华曾对我说：'你是我的儿子，我今日生你。 8你求我，我就将列国赐你为基业，将地极赐你为田产。 9你必用铁杖打破他们，你必将他们如同窑匠的瓦器摔碎。'"10现在，你们君王应当省悟，你们世上的审判官该受管教。 11当存畏惧侍奉耶和华，又当存战兢而快乐；

《希伯来书》11:3 我们因着信，就知道诸世界是藉 神的话造成的，这样，所看见的，并不是从显然之物造出来的。

《彼得前书》4:10-11 各人要照所得的恩赐彼此服侍，作 神百般恩赐的好管家。 11若有讲道的，要按着 神的圣言讲；若有服侍人的，要按着 神所赐的力量服侍，叫 神在凡事上因耶稣基督得荣耀。原来荣耀、权能都是他的，直到永永远远。阿们！

国度先知不惧怕宣扬 神的公义标准和真理，他们参与属灵的争战来影响自然界。他们明白自己在基督里的权柄和身份，并认识到天使已经被派遣来帮助他们执行 神对人类的计划和目的。这些天使从天上被派来保护和防御邪恶的影响，同时执行公义，为执行 神的话语和目的提供力量、鼓励和支持。

《诗篇》91:11 因他要为你吩咐他的使者，在你行的一切道路上保护你。

《诗篇》103:19-22 耶和华在天上立定宝座，他的权柄（原文作"国"）统管万有。 20听从他命令、成全他旨意、有大能的天使，都要称颂耶和华！21你们作他的诸军，作他的仆役，行他所喜悦的事，都要称颂耶和华。 22你们一切被他造的，在他所治理的各处，都要称颂耶和华！我的心哪，你要称颂耶和华！

作为 神的继承人和儿女，我们有权利进入天国，并得到天使的帮助，他们帮助和保护我们，维护我们作为公民的合法权利。根据《希伯来书》1:14，天使是服役的灵，奉差遣来服侍那些将要承受救恩的人。另外，《希伯来书》13:1-2 提醒我们要用爱心接待客旅，因为曾有人在不知不觉中就接待了天使。因此，作为信徒，我们可以信靠这些天使的帮助，他们会帮助我们获得拯救，战胜我们周围的所有魔鬼势力。

《罗马书》8:16-17 圣灵与我们的心同证我们是 神的儿女； 17既是儿女，便是后嗣，就是 神的后嗣，和基督同作后嗣。如果我们和他一同受苦，也必和他一同得荣耀。

在《列王记下》中，先知以利沙发现自己被亚兰王追捕，因为他曾经警告以色列王避开一次袭击。在夜间，亚兰军队包围了以利沙所在的城市，使他的仆人感到惧怕。作为回应，以利沙为他的仆人祈祷，让他的眼目得以被打开，看见天使们正围绕着他们提供保护。这些天使以火车火马的形式出现，是被派来帮助制服亚兰王的。

> 《列王记下》6:15-17 神人的仆人清早起来出去，看见车马军兵围困了城。仆人对神人说："哀哉！我主啊，我们怎样行才好呢？" 16 神人说："不要惧怕！与我们同在的，比与他们同在的更多。"17以利沙祷告说："耶和华啊，求你开这少年人的眼目，使他能看见。"耶和华开他的眼目，他就看见满山有火车火马围绕以利沙。

在末世，将会有假先知们出现迷惑许多人，但可以通过他们腐败的果实和世俗的品格来分辨。他们通过伪造的神迹奇事来吸引人们的注意力，获得认可和尊荣。正如耶稣在《马太福音》7:15-20中所警告的，我们可以通过他们的果子来分辨他们，无论他们结的是好果子还是坏果子。在《哥林多后书》11:13-15中，保罗也警告说，有假使徒会伪装成基督使徒的模样，但他们实际上是撒旦的欺骗性差役，乔装成仁义的仆人。

另一方面，国度先知勇敢无畏地分享来自天父内心的信息。他们有属灵的眼睛和耳朵，能够辨别周围正在发生的国度经历。他们充满激情，可以迅速地改变属灵氛围，激活他人走在自己的命定里，领受他们的产业。

> 《马太福音》7:15-20 "你们要防备假先知，他们到你们这里来，外面披着羊皮，里面却是残暴的狼。16凭着他们的果子，就可以认出他们来。荆棘上岂能摘葡萄呢？蒺藜里岂能摘无花果呢？ 17这样，凡好树都结好果子，惟独坏树结坏果子。 18好树不能结坏果子，坏树不能结好果子。 19凡不结好果子的树，就砍下来丢在火里。 20所以，凭着他们的果子，就可以认出他们来。"

> 《哥林多后书》11:13-15 那等人是假使徒，行事诡诈，装作基督使徒的模样。 14这也不足为怪，因为连撒但也装作光明的天使。 15所以，他的差役若装作仁义的差役，也不算希奇。他们的结局必然照着他们的行为。

第十三章
将先知们融合到当地教会团体里

大多数的牧师肩负着保护者、养育者和教师的角色，既像父亲又像母亲一样，带着极大的热情和警惕来引导和保护他们的会众。自然地，他们希望防止不成熟或假先知的出现，以免欺骗或伤害他们所照顾的羊群。这就是为什么许多牧师仍然对欢迎先知进入他们的教会持谨慎的态度，他们认为先知自负、不爱人，并且只关心得到认可、地位和晋升。

然而，随着 神兴起和使用经过严格训练和磨练的成熟先知，这种看法正在逐渐改变。这些新兴的先知拥有父母般慈爱的心，真正关心人们的福祉。因此，许多牧师开始意识到，一个成熟的先知和一位尽职的牧师一样，都遵循着相同的原则和标准来照顾和爱护羊群。

将先知们融合到当地教会需要与领袖团队先建立关系，这是每个先知都需要学习的关键基础和原则。对社区的责任对于每个先知的成长和成熟至关重要。当成熟的先知学会管理自己的恩赐，同时与基督的身体建立关系时，他们更有可能被接纳和倾听。在传达主的话语前先等待的原则需要耐心，信靠 神的旨意和智慧，应该优先于其它一切。 相比于建立任何事工，神更看重建立健康的人际关系和发展我们的品格。随着人际关系在他们的生命中变得更加珍贵，耶稣的心将自然地从先知牧者身上流露出来。

虽然牧师们确实可以参与问责结构并协助品格的塑造，但他们可能无法完全理解先知们所经历的强化训练。因此，牧师们必须认识到新兴先知的独特需求，并与经验丰富的使徒和先知合作，为他们提供必要的培训和支持，以实现他们的呼召、完成他们的使命，和建立教会团体。只有那些经历过所有先知都会面临的诱惑、失败、迫害、拒绝和障碍的人，才能为新兴先知提供最好的指导。

不成熟和年轻的先知可能会因为不安全感而挣扎，并对教会持有扭曲的看法。如果先知对教会持有错误或扭曲的看法，他们可能会基于这种观点来预言。通常，不成熟和年轻的先知会在未经过主的许可、没有考虑信息的时机和传递方式的情况下，过早地说出主的话。经验丰富的使徒或先知在这个领域的指导至关重要。年轻的先知必须愿意接受在教导、培训和辅导过程中的监督。

年轻的先知必须学会妥善管理他们的恩赐，并在传讲主的话语时运用分辨力。学会等候 神的时机和指示对于发展和成熟的过程至关重要。年轻的先知应该愿意将他们的恩赐交托给当地教会的权柄，并在其框架内工作。通过这样做，这些先知可以与领袖团队建立信任的关系，并培养对教会的健康看法。

经历过试炼过程的使徒和先知可以为具有先知性呼召的人提供宝贵的见解，帮助他们了解所需的培训和准备。他们还可以提供如何克服不安全感和培养健康教会观的指导。归根结底，一颗谦卑受教的心对于年轻的先知来说至关重要，这样他们才能在自己的恩赐中成长，并完成自己的呼召。

激励成熟先知的是对他人真诚的爱，他们优先考虑建立人际关系。他们通过栽培和建立人们的信仰来服侍，引导人们走向善行和成熟。正如《哥林多前书》13:2提醒我们的，即使一个先知拥有先知讲道的恩赐、知识和信心，如果没有爱，他们就算不得什么。

成熟的先知拥有恩膏和能力来领导、教导、讲道、引导、培训、培育、装备、训练和激活人们的恩赐和呼召。就像古代的先知对国王、领袖、政府官员、祭司以及城市和国家的统治者说话一样，现代的先知也在自己的社区和影响范围内做同样的事情。

此外，一个健康、成熟的先知明白在祷告、代祷、促进、鼓励、启发、建造、栽培和指导他人时，正确的动机、时机和内心的重要性。作为结果，成长就会发生。这些成熟的先知行走在忍耐和 神的平安中，深刻理解释放先知性话语的时机和方式。

培养富有成效和健康的先知是一个耗时的过程，可能需要数年，甚至数十年。来自牧师和领袖的耐心和长久忍耐是至关重要的。要成为地方教会不可或缺的一部分，先知需要使徒性和先知性的指导、在职培训、装备、激活和释放。先知和代祷者都站在城墙上守望，看顾和保护城市。根据圣经（《耶利米书》27:18），虽然先知是代祷者，但并不是每一个代祷者都是先知。

> 《耶利米书》27:18 他们若果是先知，有耶和华的话临到他们，让他们祈求万军之耶和华…

培训可以在课堂、祷告聚会，甚至家庭小组环境中进行。我建议把年轻的先知送到成熟的先知学校，接受经验丰富的、担任先知职分的先知们提供的更高级的培训。

一旦经过适当的培训并结出好的果子，展现出 神的恩膏成为先知，并得到领袖的确认，先知们就应该融入他们的地方教会，并被允许服侍。然而，牧师和领袖有责任继续观察监督和培养先知们的品格和正直。当先知预备好、信实和值得信赖时，圣灵总是会确认并差遣他们。

多年前，我和我的妻子感受到 神呼召我们去一个特定的教会。当我们到达时，圣灵清楚地对我说："我不希望你对这个教会或任何人说出任何先知性的话语。"我问："主啊，为什么呢？难道你对这个教会没有什么要说的吗？"祂回答说："是的，我有很多话要说，但不是现在通过你说。我要你先和人建立关系，然后我以后会使用你。当你与他们建立了关系之后，你在发预言时会更有效。"六个月后，圣灵通过我给牧师的长子一个及时的话。

为了在现代教会中有效地进行先知性事工，年轻的新兴先知们必须在急于传达主的最新话语前优先考虑建立健康的人际关系，接受领袖对他们的监督。先知长老会需要建立信任和关系的基础，才能在基督的身体里有效地发挥作用，而且这种信念必须被坚定地持有。

对于先知而言，一个好的起点是与代祷团队合作，为了 神在该地区的旨意共同建立一个团队。这种合作为促进团结、共识和共同制定战略提供了机会。

每个教会都有 神赋予的独特使命，为了基督来影响其所在的社区和地区。代祷团队为使用先知的恩赐和恩膏提供了一个绝佳的平台。受过训练的先知和代祷者可以提供宝贵的见解、方向、更多的启示和额外的益处，以鼓励、造就和劝勉基督的身体。《历代志下》20:20强调了相信耶和华我们的 神和祂的先知才能亨通的重要性。当国度先知优先与代祷者和教会领袖建立关系和问责时，他们可以信靠 神的主权和时机来带领、指导和促进团结。为了在他们所服务的领域产生更大的影响，先知和代祷者必须建立健康的关系，共同成长，并以团队的形式合作。

先知和代祷者在教会中扮演着重要的角色，不断地为教会代祷。通过他们与主的联系，他们拥有独特的能力来分辨、察觉和听到敌人针对教会的诡计和策略。通过共同合作，他们瓦解这些邪灵的影响，并充当教会的守望者和保护者。此外，还有一些先知具有先见的恩赐，他们能够通过异象看见属灵的领域，从而增强他们的祷告和使命，使他们思路清晰。

先见先知具备一层额外的能力，可以识别来自邪灵领域的隐藏危险和潜在攻击。这些先知充当守卫的角色，时刻保持警惕以发出警报并警告教会任何潜在的危害。他们能够看见属灵领域的能力为了解主的旨意提供了宝贵的洞见，并有助于保护教会的安全。当先知和代祷者携手合作时，他们有能力阻止属灵攻击的彰显，并确保教会根据 神的旨意不断前进。

在2022年末，我从圣灵那里领受到一个强大的异象。这个异象描绘了一位代祷者和一位先知进入宝座室祷告和代祷。异象开始时，这位代祷者怀着谦卑的心接近主，寻求祂的智慧和引导。随着代祷者祷告并寻求主的指示，主向他揭示了有关有效祷告的异象和策略，并提供了智慧和知识的话语。在跪拜的姿势中，代祷者大声地说出强有力的法令和宣告。这些法令和宣告被释放，天使被派遣去拆毁黑暗的工作，并在这片土地上带来公义。

异象继续展开，我看到了这位先知进入宝座室，跪在主的面前，谦卑地祷告和代祷。这位先知被赋予了能够看见异象并听见 神声音的恩膏，随着他持续不断地祷告，知识和智慧的言语毫不费力地流淌出来。突然，主对这位先知说话，命令他站起来，到宝座室外，对着他被差遣的自然领域的氛围宣讲信息。随后，天使被激活，在自然领域中参与、激活并建立 神的话语。

在这个异象中，先知和代祷者显然获得了能力和权柄，能够充满自信和带着权柄地讲话。主的话语带有分量和权柄，这里的氛围明显开始转变了。先知和代祷者的话语如同利剑，可以穿透黑暗，带来光明和真理。

经过对这一异象的反思，并寻求圣灵进一步的智慧后，我清楚地认识到，先知和代祷者角色之间的协同作用对于实现团结和更有效地瓦解撒旦军队的邪恶工作至关重要。先知和代祷者都有能力在先知性恩赐和恩膏中流动，使他们能够通过重要的洞见和增强的属灵权柄来进行治理。这个异象清楚地表明，圣徒的祷告对于改变属灵环境来促进公义并为 神的国度占领土地具有重大影响。结合圣灵和 神的天使们的能力和引导，他们可以传送强大的策略并创造属天的突破，使无论他们去到哪里都能带来持久的转变。

然而，工作并未就此结束。这些领土随后必须由 神的子民来治理和支持，他们必须为 神建立一座祭坛，并每日照管它。当公义的祭坛被建立和维护时，土地就会被洁净， 神的国就会前进，打开属灵的门户让天使们上下往来，帮助圣徒实现 神的计划和目的。建立这些祭坛并照管它们是 神子民的责任，从而确保领土保持洁净，使得 神的国不断前进。

这个异象强有力地提醒我们，先知、代祷领袖和圣徒们在推进 神国度的过程中扮演着重要的作用。我们都被呼召以权柄和勇气传讲 主的话语，通过我们受膏和受启示的话语将祂的能力和旨意释放到地上。这个异象清楚地表明，所有的信徒都被呼召以信心进入宝座室，寻求主的引导，并以勇气和坚定的信念传讲祂的真理。在《创世记》28:10-18中，我们看到雅各建造了主的祭坛，并维护了那个祭坛。

教会必须认识到，他们言语的力量可以影响并改变历史的进程。作为至高神的儿女，让我们永远不要忘记我们所拥有的能力和权柄。

当牧师们接纳每一位传道人为教会做贡献所带来的益处时，他们将会在他们当中经历 神的伟大作为。许多先知都是先见，他们拥有更大的价值和更多的属灵保护和洞见，几乎可以在教会的各个领域协助领导层。我们都即将在未来的日子和年岁里迈入 神更伟大的作为中，将成熟的先知与代祷者结合在一起是一种双赢。

经过适当的培训，展示出良好的果子和恩膏，并由领袖确认后，先知们应该被欢迎到地方教会团体中，使用他们的恩赐来服事。然而，牧师和领袖们必须继续关注和培养先知的品格和正直。圣灵总是会确认并差遣那些信实、值得信赖，并准备好接受呼召的先知们。

那些被呼召到某个教会团体的先知将与牧师和使徒并肩工作，鼓励、爱护、支持并贡献他们的时间和资源。他们将分享相同的异象，并渴望与当地的领导层合作来协助他们的工作。在这种情况下，先知可能甚至通过与那些最先被"差遣的"使徒和创始牧师们一起工作，在一定程度上帮助建立根基和教导。

> 《以弗所书》2:19-22 这样，你们不再作外人和客旅，是与圣徒同国，是 神家里的人了。 20并且被建造在使徒和先知的根基上，有基督耶稣自己为房角石， 21各（或作"全"）房靠他联络得合式，渐渐成为主的圣殿。 22你们也靠他同被建造，成为 神藉着圣灵居住的所在。

值得注意的是，每个教会都有来自 神针对其特定的城市或地区而赋予的独特使命。被呼召到特定团体的先知将通过与那个教会团体已经领受的使命保持一致，向牧师和使徒展示他们的服侍和信实。重要的是，这些先知必须与当地教会已经建立起的异象和使命保持一致，并避免试图改变它。通过这样的方式，先知们就可以与使徒和创始牧师们合作，为教会建立一个坚实的基础。

当牧师们接纳和欢迎先知性恩赐、外衣和职分时，他们会使得整个教会蒙受祝福和得以成长。牧师们无法独自完成所有事情，而圣经也强调了使用基督身体的各种恩赐的重要性。正如《马太福音》10:40-41所说的，通过接纳先知及其恩赐，牧师们也可以获得先知的赏赐。为了深入了解教会内部各种恩赐和角色，参考经文是至关重要的，比如《哥林多前书》12:1-31、《以弗所书》4:1-16和《罗马书》12:1-17。

> 《马太福音》10:40-41："人接待你们，就是接待我；接待我，就是接待那差我来的。 41 人因为先知的名接待先知，必得先知所得的赏赐；人因为义人的名接待义人，必得义人所得的赏赐。"

教会肩负着神圣的使命，必须齐心协力，有意识地在地上推进 神国度的扩展，重新赢得我们的家庭、朋友、社区、城市和国家。先知和代祷者们在识别活跃的、影响该地区的属灵门户方面至关重要。通过策略性的祷告和属灵争战，这些邪恶的门户可以被拆除，并且借助当地团队的帮助，一

个 神的祷告祭坛可以被建立，用来保护并抵御未来那些来自邪恶领域的攻击。

《利未记》26:7-9 应许我们，神会追赶我们的敌人，并使他们倒在我们的刀下。我们五个人要追赶一百个人，我们一百个人要追赶一万个人。我们的仇敌必倒在我们的刀下。此外，《哥林多后书》10:3-5 提醒我们，虽然我们在血气中行事，但我们争战的兵器并不是属血气的，乃是在 神面前有能力，可以攻破坚固的营垒。

今天，神正在将使徒、先知、牧师和代祷者们连接在一起，形成一个统一的基础核心，共同合作来瓦解黑暗的军队并实现天国的目的。一旦祷告团队被建立并开始运作，接收关于他们城市的天国策略，他们就可以与该地区的其他教会和基督徒合作，为了 神的旨意来改变、转变并主导该地区的属灵氛围。保持联系并建立合作关系有助于这些社区繁荣、成长和繁衍。

有关建立祷告祭坛并通过祷告转变国家的更多见解和策略，强烈推荐马克·丹尼尔斯（MARK DANIELS）和约翰·穆林德（JOHN MULINDE）的书《祷告祭坛：转变国家的战略》(<PRAYER ALTARS: A STRATEGY THAT IS CHANGING NATIONS>)。

圣灵正在训练我们，让我们不论去到哪里都可以穿透黑暗，重新建立天国的原则、基础和政府，使我们能够拥有和管理 神所应许给我们的领土。正如耶稣解除了执政的和掌权者的武装一样，我们也通过祂获得了对撒旦及其魔鬼的权柄，以夺取并持有属于我们的一切。我们每个人都被分配了领土，要在圣灵引导我们去影响的各个领域进行治理、发展、推广、启动和释放。

在《歌罗西书》2:15中，记载了耶稣将一切执政的掌权的掳来，明显给众人看，在祂的胜利中向他们夸胜。通过与圣灵还有那些主派遣来协助我们完成任务的天使们合作，我们有能力来调整周围的属灵氛围。

我们应当时刻赞美主，连同那些遵行 神的旨意、听从祂的声音的天使天军们一起。 神正在兴起教会(ECCLESIA)，使其成为一个声音、一个思想、一个心，一个灵，作为一个身体，与万王之王联合，团结一致地运作。坚强、有恩膏、先知性和代祷性的祷告团队正在被建立，为全地进入到 神国度的对齐中祷告。

《诗篇》103:19-22 耶和华在天上立定宝座，他的权柄（原文作"国"）统管万有。 20听从他命令、成全他旨意、有大能的天使，都要称颂耶和华。 21你们作他的诸军，作他的仆役，行他所喜悦的，都要称颂耶和华。 22你们一切被他造的，在他所治理的各处，都要称颂耶和华。我的心哪，你要称颂耶和华！

《诗篇》91:11-12 因他要为你吩咐他的使者，在你行的一切道路上保护你。 12他们要用手托着你，免得你的脚碰在石头上。

作为我们 神的君王和祭司，我们被赋予了权柄来统治体系、财产和土地，为了天国的目的入侵、占领和转变它们。成熟的领袖认识他们的属灵权柄，并以极大的信心和毅力行使它，毫不犹豫地参与属灵争战。

最后的鼓励之言

先知们必须保持谦卑并有教导的能力，同时他们自己也要能够接受教导。他们应当自愿服从圣灵的训练和领导，然后服从五重职事的监督、忠告、培训、装备和释放。在这个过程中，耐心和忍耐至关重要，先知们必须将一切的晋升交托给圣灵和领袖们。强调自己的能力或寻求认可可能导致骄傲，因此先知们必须抵制这样的诱惑。

对于先知而言，抵制自己离开团契或关系的冲动是至关重要的。然而，有时 神也会要求他们离开一所教会。这通常发生在教会领袖与圣经不一致、变得专注于内部、传递妥协的信息、对属灵争战感到自满、不相信释放和医治事工，或者不理解 神针对他们负责的领土所赋予的使命时。在其他情况下， 神可能会要求他们与那些不符合他们被赋予的使命的人分开。某些人甚至可能会通过打击他们或对他们的生命说负面的话来阻碍他们进入自己的命定。然而，如果先知和人们没有寻求圣灵的指导，或者没有前面提到的正当理由就离开，可能会打开通往邪恶领域的门户，导致混乱、绝望、冒犯、苦毒和欺骗。

我也注意到一个现象，有些先知和个人声称 神要求他们离开，独自隐居，远离地方教会团体。虽然 神确实可能呼召他们私下里与祂离开一段时间，用来祷告、敬拜、交流、洁净和准备，但祂从未打算让他们长时间地脱离彼此和自我孤立。

当先知们选择坚持到底并忍受所需的强化训练时，他们将在 神的国度中成为更有效的工人。当他们妥善地管理自己的恩赐和恩膏时，领袖会通过他们的言语、品格、关系和信实来认识到他们所承担的外衣和职分。先知们必须在一切的过程中始终信任圣灵，并以爱心行事，培养健康、富有成效的关系，从而促进一个接纳、信任和友好的氛围。

将先知们融入当地教会的责任在于使徒和牧师。纵观历史，先知在为基督徒和教会代祷、膏抹、鼓励、劝勉、激活、发言并提供方向和指导方面发挥着不可或缺的作用。不仅在现在，而且在未来，那些欢迎、拥抱和鼓励先知性长老会和先知性职分的使徒和牧师都将收获巨大的益处。让我们勤勉地管理 神赐予教会团体的所有恩赐和呼召。当教会团体与 神的策略和计划对齐、统一并达成共识时，教会（ECCLESIA）就会前进。

关于作者

我与妻子泰丽已经结婚42年了，婚姻幸福美满。我们很蒙福，拥有三个孩子和六个孙子孙女。自2001年以来，我们一直把佛罗里达州奥卡拉市称作为我们的家乡。

1982年，我和妻子在俄克拉荷马州的俄克拉荷马城的一个神召会教会(ASSEMBLIES OF GOD CHURCH)将我们的生命奉献给耶稣基督。从那时起，神开始向我启示先知性信息、异象和异梦，无论我走到哪里，这些经历都深深地改变了我的生活。

1992年，神安排我参加了国际先知性事工(PROPHETIC MINISTRIES INTERNATIONAL)，在那里我接受了有关先知恩赐和先知职分的扎实教义教学和培训。这些教育帮助我更好地理解先知性事工在教会中的角色，以及如何使用它来启迪和造就 神的子民。

我于2015年开始撰写这本指南，在经过一段充满挫折和挑战的漫长旅程后，于2023年完成。我感谢妻子泰丽在这个过程中给予我的鼓励和支持。我也感谢她在最终编辑过程中的贡献、智慧和毅力。

因为 神呼召我更全心全意地追求祂，我在2020年退休了。我们的女儿萨拉有一个异象，要在佛罗里达州奥卡拉市开设一个"聚会咖啡馆(GATHERING CAFE)"餐厅和面包店。我和妻子泰丽投资并支持了她的事业。从那时起，这家咖啡馆已经成为社区里的一个国度事工，我们为萨拉在这个咖啡馆里所实现、发展和建立的一切感到骄傲。

我现在更多地被吸引去指导那些渴望更多地了解耶稣，并在先知性恩赐和职分上有扎实培训的人。我为你祷告的经文来自《以弗所书》3:17-19："使基督因你们的信，住在你们心里，叫你们的爱心有根有基，18能以和众圣徒一同明白基督的爱是何等长阔高深；19 并知道这爱是过于人所能测度的，便叫 神一切所充满的，充满了你们。"

圣灵启发了撰写这本指南的灵感，使之作为一个资源，来装备、培训和释放先知性人士成为基督身体的仆人。它旨在帮助他们按照公义的圣经标准罗格思来生活，并学会如何倾听并接受由圣灵启示的瑞玛信息的指导。

这本指南的目的在于帮助先知们理解他们的恩赐、意义和 神所赋予的身份，从而实现他们的命定。它涵盖了50多个与预言、先知性外衣和职分相关的主题，重点关注先知性事工。

虽然这本指南中的原则主要与现代先知的属性和职能相关，但它们可以应用于每一位传道人和每一位基督徒。先知性事工常常会面临独特的挑战、个人攻击和艰难险阻，包括来自教会的迫害。然而，这些都是 神用来将人转变成耶稣的本性、内心和品格的试炼。

这本指南的目标是帮助先知性人士提高对周围国度活动的更高层次的认识和理解，并提供所需的工具，使他们更像耶稣。不断增长对 神话语的认识和深度是一位先知必须进行的最重要的操练。了解 神的话语是先知性事工中信心和成功的基础。通过致力于有纪律地学习和默想 神的话语，顺服圣灵的感动，以及过着顺服、舍己、敬虔和信靠耶稣的生活， 神国度的丰富和宝藏将被揭示与经历。

学生和读者将被鼓励恰当地运用他们的恩赐，并拥抱品格发展的过程。今天的先知们必须操练公义，顺服 神的呼召，并防止出现错误的方法、错误的动机和严厉的态度。这些都与一个人的品格相关，必须每天被圣灵改变和更新。

学习问题

第一章

1. 道（LOGOS 罗格思）如何作为衡量其他所有表达、概念、启示、教义、讲道和预言的标准？

2. 《约翰福音》1:1-4中提到的"道（LOGOS罗格思）"有什么重要意义？它与万物的创造有何关系？

3. 神的瑞玛（RHEMA）话语如何激发和释放使人们像耶稣一样说话和生活的渴望？

第二章

1. 新兴先知们在发展初期会面临什么挑战？这些挑战如何促进他们的品格和正直的形成？

2. 年轻和不成熟的先知们有哪些特点或特征？他们与成熟先知们的特点或特征有何不同？这些特征如何影响他们的先知性事工以及与他人的关系？

3. 年轻和不成熟的先知如何培养谦卑和愿意接受指导和监督的态度？他们可以采取哪些步骤来发展良好的品格、公义的方法、恰当的举止和正确的动机？

第三章

1. 本章讨论了哪些杂草种子的特征？它们如何体现在一个人的行为和态度中？

2. 自怜如何导致先知性事工中不正常的反应？请提供例子或情景来支持你的答案。

3. 诸如嫉妒、羡慕和骄傲的杂草种子如何影响一个人的属灵旅程和成长？请提供圣经参考或例子来支持你的解释。

第四章

1. 智慧的言语与知识的言语有什么区别？

2. 根据《雅各书》3:14-18，来自上头的智慧有什么特征？

3. 知识的言语如何揭示有关一个人或地方的隐藏信息？

第五章

1. 预言如何与圣经对齐，它的主要目的是什么？

2. 一句预言如何能给一个人的生命带来稳定和确认？

3. 为什么圣经被认为是神对人类说话的主要方式，它在理解祂的旨意和计划中扮演着什么角色？

第六章

1. 以利亚传给以利沙的外衣有什么重要意义？

2. 先知性职分与预言的恩赐有什么不同？

3. 根据本章内容，先知们对待教会领袖的态度和方式应该是什么？为什么先知们顺服地方教会并在其框架内工作很重要？

第七章

1. 神的沉默如何作为一种策略来吸引我们更接近祂并引起我们的注意？

2. 神在我们的生活中保持沉默的原因可能有哪些？在这些时刻，我们如何重新调整优先事项并寻求 神的国度原则？

3. 回顾过去的先知性话语如何在 神沉默的期间帮助我们？信心在这种情况下扮演了什么角色？

第八章

1. 为什么认识并接受我们生活中的考验和试炼是 神旨意的一部分很重要？

2. 舍己并拥抱圣洁的生活方式如何有助于我们成为有国度意识的人？

3. 旧皮袋与新酒的比喻对于基督身体里的个人和集体转变有什么重要意义？

第九章

1. 耶稣建立了哪五个特定的事工职事，用来建立、引导、教导、训练和释放 神的子民去进行服侍？

2. 高级领袖在教会中的角色是什么，他们与初级领袖有什么不同？

3. 描述使徒和牧师在实现他们事工的异象和使命时的独特任务和功能。

第十章

1. 先知们如何发展他们的属灵洞察力和识别 神的意图？

2. 对先知们而言，为什么与圣灵保持一致并分辨时间和季节的变化至关重要？

3. 经营与主的亲密关系意味着什么，为什么这对先知和领袖们而言很重要？

第十一章

1. 那些勤勉地寻求 神的同在和占领摆在他们面前的土地的先知性个人有什么关键特征？

2. 国度先知们如何在发展敬虔的品格的过程中展现出他们对时间、奉献、顺服、承诺和勤勉的重要性的理解？

3. 国度先知如何展示他们对自己的位置和权柄的认识，这又如何影响他们处理属灵营垒和参与属灵争战的能力？

第十二章

1. 先知们在向人类传达 神的信息方面扮演着什么角色？

2. 先知们如何为预备耶稣基督的再来做贡献？

3. 先知们通过什么样的方式预备 神的子民成为基督的新妇？

第十三章

1. 牧师们对成熟先知的看法发生了哪些改变？

2. 对先知们而言，与领袖团队建立关系有什么重要性？

3. 为什么社区里的问责制度对于先知们的成长和成熟至关重要？

www.ingramcontent.com/pod-product-compliance
Lightning Source LLC
LaVergne TN
LVHW072132060526
838201LV00072B/5015